존경하는

_____ 님께

_____ 드림

존중의 힘

부드럽게 세상을 변화시키는 마법

# 존중의 힘
## RESPECT

김찬배 · 강성룡 · 이승철 지음

올림

남편과 아내, 부모와 자녀
모두가 만족하는 웃음꽃 넘치는 가정,
가르치는 이와 배우는 이
모두가 성장하는 즐거운 학교,
리더와 모든 구성원이
창의적으로 몰입하여 성과를 내는 직장,
서로서로 도와주고 배려하는
분쟁 없는 평화로운 사회.

이 모든 것을 가능하게 만드는 단 한 가지,
그것은 바로 '존중'입니다.

# 존중, 모든 문제를 풀어줄 만능열쇠

최근 몇 년 동안 갑질로 물의를 일으킨 사람들이 유독 많았습니다. 사회적으로 비난을 받는 것은 물론, 불매운동으로 위기에 처한 기업가도 있고, 자리에서 물러난 공직자도 있습니다. 그 자리까지 올라가기가 간단하지만은 않았을 텐데, 한순간에 모든 것을 잃게 되었으니 당사자로서는 얼마나 안타까울까요? 사람이 열심히 사는 것도 중요하지만 '존중'의 성품을 갖추는 것이 우선이라는 생각이 들었습니다. 존중을 알고 실천했더라면 그런 곤경에 처하지 않았을 테니 말입니다.

오늘날 우리 사회의 여러 문제들은 대개 '존중의 결여'에서 비롯된 것입니다. 가정에서, 학교에서, 직장에서, 사회에서 나와 생각이 다르고 불편한 사람을 모두 사랑할 수는 없겠지만, 존중할 수는 있지 않을까요? 아무리 공부를 잘해서 좋은 학교를 나오고 출중한 능력을 가졌다고 해도 '존중'을 모른다면 어떻게 행복한 가정을 이루고, 타인과 협업하고 존경받는 리더로 성장할 수 있을까요?

가정은 '웬수'들이 모인 곳이 아니라 사랑으로 뭉친 곳이 되어야 하고, 학교는 가르치는 이와 배우는 이가 서로 존중하며 능력과 성품을 겸비한 창의적인 인재를 길러내는 곳이어야 합니다. 기업은 몰입도 높은 직원들이 서로 소통하며 창의성을 폭발시키는 곳이어야 하고, 국내 · 국제 사회는 소모적인 갈등을 줄이고 서로 협력하며 평화롭고 안정된 모습으로 발전해 나가야 합니다.

놀랍게도 이 모든 것을 가능케 하는 마법의 만능열쇠가 있습니다. 그것은 바로 '존중'입니다. 지금 글로벌 일류 기업들이 경쟁적으로 '직원 존중'을 실천하고 존중의 리더들을 CEO로 중용하는 이유입니다. 존중이 능력이 되는 시대가 온 것입니다.

이러한 생각을 많은 분들과 공유해야겠다는 생각이 들어 올림의 이성수 대표에게 제 구상을 말씀드렸더니 계약서도 쓰기 전에 덜컥 계약금을 입금해 버리셨습니다. 평소에 '존중'의 롤모델로 존경하는 분이었는데, 저의 구상에 전적으로 공감해 주셔서 의기투합하게 되었습니다.

옆에 두고 오랫동안 읽힐 책, 술술 읽히는 책이 되도록 가능한 한 많은 사례를 모았습니다. 사례로 든 인물을 높이고자 했으나 혹시라도 의도와는 다른 결과가 나오면 어쩌나 하는 마음에서 가명으로 처리하거나 해외 사례를 많이 참고했음을 이해하여 주시기 바랍니다.

코로나로 강의 일정이 줄줄이 취소되어 자칫 우울할 수 있었던 시기에 저를 지켜준 힘은 '존중'이었습니다. 비대면 강의를 시작하자 모니터를 선물해 주고, 돈 걱정하면 좋은 책을 쓸 수 없다며 거액의 봉투를 내밀었던 저의 절친 리텍의 이건직 대표, 없던 교육도 만들어 초대해 준 티플랙스 김영국 대표를 비롯한 몇 분의 CEO들, 그 와중에 틈틈이 강의를 불러준 교육담당자들과 교육기관들, 우연히 알게 된 아프리카 유학생 목사님이 코로나로 하늘길이 막혀 귀국하지 못하고 끼니가 떨어진 사연을 알고 함께 돕자고 했더니 선뜻 동참하여 주신 분들, 틈틈이 연락해서 안부를 물어주는 동료 강사들과 지인들 덕분에 외롭지 않게 살아왔으니 저는 존중의 빚을 잔뜩 졌습니다.

매년 '존중' 강의를 요청해 주신 한솔그룹의 최승빈 팀장과 이정섭 수석님, 수년째 동일한 주제로 작년에 왔던 그 강사가 와서 강의하는데도 내년에도 다시 보자며 '앵콜'을 외쳐주신 학습자들이야말로 저에게는 존중의 공동 연구자였습니다. 감사드립니다.

한국희망센터의 강성룡 대표와 윈윈긍정변화컨설팅의 이승철 대표는 존중에 관한 강의를 할 수 있는 길을 열어주고 함께 머리를 맞대고 존중을 연구해 온 동지로서 공동 집필에 참여해 주어 감사합니다.

　마지막으로 남편이 편안하게 집필할 수 있도록 배려해 주고 지혜롭게 가정을 경영해 준 저의 영원한 친구인 아내 현자, 그리고 제가 존중을 이야기하기에는 많이 부족하지만 늘 응원해 주는 한별, 소현, 한솔이에게도 감사합니다.

　부디 졸저가 '존중기근'으로 황폐화되어 가는 세상을 부드럽게 변화시키는 촉매제가 되어 '존중의 힘'으로 더 행복하고, 더 유능하며, 더 존경받는 리더들, 창의성이 폭발하는 조직들이 늘어나 더 나은 미래를 창조하는 데 도움이 되기를 기원합니다.

　감사합니다.

대표 저자
김 찬 배

# 2 존중은 관심에서 출발한다

존중의 표현

# 3 옳음보다 친절을 선택하라

존중과 친절

## 6  내 생각은 정답이 아닐 수 있다
존중과 화

# 1

# 존중의 시대가 온다

행복한 가정과 일류 기업의 공통점

# 사람을
# 움직이는 진짜 강한 힘

## 세계 최고 기업의 추락과 부활

빌 게이츠의 친구이자 MS의 공동 창업자인 발머 회장의 14년 재임 기간
동안 MS는 추락을 거듭하며 암흑기를 보냈습니다. 발머 회장은 자신이
천재였던 만큼 함께 일하는 임원들도 똑똑하고 이미 성공을 입증한 사람
들로 채웠습니다. 하지만 이들은 자신이 정한 기준에 부합하지 않는 직
원들은 무자비하게 내쫓은 차가운 리더들이었습니다. 조직에는 어두운
그림자가 드리우기 시작했습니다. 직원들은 살아남기 위해 공동 작업이
나 정보 공유를 회피했고, 사내 정치가 횡행했습니다.

발머는 한 직원이 아이폰을 사용하는 걸 보고 빼앗아 집어던진 일화가 있을 정도로 세상의 변화를 수용하지 않고 오만에 빠져 폐쇄적인 경영을 했습니다. 똑똑하지만 차가운 리더들이 조직을 병들게 하고 인재들이 떠나게 하고 있었던 것입니다.

외부에서 CEO를 영입해야 한다는 주장이 있었지만, 사내에서 사티아 나델라Satya Nadella를 3대 회장으로 지명하자 언론은 '후퇴fall back'라는 표현을 써가며 회의적인 전망을 내놓았습니다. 하지만 MS는 나델라 회장 취임 5년 만에 글로벌 시가총액 1위 자리를 탈환하며 기적처럼 부활했습니다.

물론 이전과 다른 전략적 대응도 있었지만, MS 부활의 결정적 요인은 나델라 회장의 리더십이었습니다. 나델라 회장은 발머와는 근본적으로 다른 인재관을 가지고 있었습니다. 그는 상대평가를 없애고 절대평가를 도입하여 일을 잘하는 직원은 누구든 그에 상응한 대우를 받을 수 있도록 했으며, 직원 평가에서 동료들에게 얼마나 협력했는지를 묻도록 했습니다. 직원들은 더 이상 자신의 등급을 유지하기 위해 정보나 노하우를 숨기는 일을 하지 않아도 되었습니다. 경쟁에서 협력으로 조직문화가 바뀌기 시작한 것입니다. 또한 인도 출신의 비주류였지만, 자신이 그래왔던 것처럼 직원들에게는 '열심히 노력하면 누구든지 성장하고 성공할 수 있다'고 강조했습니다. 임원들에게는 마셜 로젠버그Marshall B. Rosenburg의 『비폭력 대화Nonviolent Communication』를 읽도록 했고 다양성과 포용, 소통과 협력, 공감을 통해 조직 내 불화를 개선하고 사람과 사람, 사람과 기술을 연결하는 일에 지속적인 관심과 모범을 보였습니다. 직원들은 하고 싶은 말을 하는 것에 더 이상 위험을 느끼지 않게 되었고, 경영자와 관리자들은 직원들의 어려움을 진심으로 청취하기 시작했습니다. 어느새 임원들도 나델라 회장처럼 따뜻한 리더들로 채워졌습니다.

MS에서 발머 회장 시절 10년과 나델라 회장을 경험한 이소영 이사는 "CEO 한 사람이 바뀌었을 뿐인데 마이크로소프트와 같은 거대 기업이 변했다"라고 말했습니다. 나델라 회장은 직원 존중을 통해 부드럽게 MS를 부활시켰던 것입니다.

## 존중의 리더를 선택한 삼성전자

최고경영자CEO는 욕먹는 자리라는 말이 있습니다. 그래서인지 CEO가 회사를 옮길 때는 직장인 익명 게시판인 블라인드에 '속이 시원하다', '폭탄을 OO회사에 던져서 미안하다' 등의 악평이 올라오는 경우가 많다고 합니다. CEO라는 자리가 성과를 내기 위해 구성원들을 압박하면서 힘들게 하는 경우가 많기 때문일 것입니다.

그런데 최근 그와 정반대 되는 경영자가 있어 화제입니다. 삼성전기 사장에서 삼성전자 반도체 부문 사장으로 옮긴 경계현 사장이 그 주인공입니다. 그가 삼성전자 사장으로 내정되었다는 소식이 알려지자 블라인드와 사내 게시판에는

'성과급 덜 받아도 되니 사장님 안 가셨으면 좋겠다'
'회사라는 약육강식의 장에서 리더가 약자를 돌보는 따뜻한 마음을 가지라고 먼저 알려줬다'

'진심은 언젠가는 통한다는 것과 내 인생을 통해 타인에게 감동을 살 수도 있다는 것을 직접 눈으로 보여줘서 감사했다'

'항상 사장이 바뀔 때마다 기분이 좋았는데 이번에는 너무 슬프다'

등등 경 사장을 존경하고 아쉬워하는 글들로 가득했다고 합니다. 회사를 떠나는 CEO에 대한 미담을 이렇게 많이 듣는 것은 초유의 일이 아닐까 생각합니다.

경 사장은 삼성전기 사장으로 취임한 이후 매주 목요일에 전 직원이 자유롭게 대화를 나누는 '썰톡'을 진행했는데 "왜 삼성전기는 삼성전자보다 성과급을 적게 받습니까"와 같은 난처한 질문을 받더라도 성실하게 답을 했고, 하겠다고 약속한 것은 실천했다고 합니다. 매월 초에는 빠짐없이 사내 방송에 출연하여 경영 현황을 솔직하게 공유하고 목표를 명확하게 제시했습니다. 마지막 방송에 출연해서도 코로나로 힘든 시기에 열심히 일해 준 직원들에게 감사의 마음을 전하고 삼성전기의 발전을 응원하겠다며 눈물을 흘렸다고 합니다. 경 사장이 세계 최고의 기업인 삼성전자 반도체 부문장으로 발탁된 배경에는 구성원들과의 소통 능력에 대한 평가가 작용했다는 후문입니다.

경 사장은 평일에는 오후 6시 이후 직원 호출 금지, 오후 8시 이전 퇴근, 퇴근할 때는 조용히 퇴근하기, 주말에 회의 소집 금지, 주말에 출근할 경우에는 No MCM(메일, 콜, 메시지)으로 출근 여부를 부서원이 모르게 하기를 임원들과 함께 실천했다고 합니다. 경 사장이 보여준 행동은 직원을 존중한다는 면에서 매우 환영할 만한 일이며 대한민국의 기업 경영에도 존중의 시대가 오고 있음을 보여주고 있습니다.

## 사람을 움직이는 진짜 강한 힘

나델라 회장과 경계현 사장의 사례는 사람을 움직이는 힘의 원천이 이동하고 있음을 보여주고 있습니다.

사람을 움직이려면 강한 힘이 있어야 합니다. 강한 힘으로는 먼저 위력(威力), 즉 상대를 압도할 만큼 강력한 힘을 갖는 돈, 인사권, 평가권, 위협적인 말과 행동 등이 있을 것입니다. 위력은 주로 차가운 리더들이 사람을 움직이는 방식입니다. 이들을 따르는 이유는 두려움 때문입니다. 단기적으로는 성과를 내기도 하지만 장기적으로는 상처를 남기고, 결국 파국을 맞게 됩니다.

위력보다 더 강한 힘은 존중입니다. 존중은 따뜻한 리더들이 사람을 움직이는 힘의 원천입니다. 존중이 더 강한 이유는 이들을 따르는 이유가 신뢰와 존경, 자발적 추종에 근거할 뿐 아니라 상처를 치유하고 통합하여 장기적으로 더 좋은 결과를 가져오기 때문입니다.

자녀가 나를 따르는(따르지 않는) 이유는 무엇일까?

아내가(남편이) 나를 존중하는(존중하지 않는) 이유는 무엇일까?

직원들이 나를 따르는(따르지 않는) 이유는 무엇일까?

한 번쯤 스스로에게 던져보아야 할 질문이 아닐까요?

# 게으른 자들의 천국이
# 최고 몰입의 일터로 변신한 비결

## 위기의 기업을 변화시킨 힘

직원 3명 중 1명은 빈둥거리며 일하던 회사가 세계에서 가장 열심히 일하는 조직으로 탈바꿈했습니다. 미국의 대표적 식품기업 '캠벨 수프 컴퍼니Campbell Soup Company'에서 일어난 기적 같은 일입니다.

캠벨도 한때는 매출과 주가가 반 토막이 날 정도로 위기에 봉착했습니다. 이때 구원 투수로 등장한 CEO가 바로 더글러스 코넌트Douglas Conant였습니다. 취임 당시 직원들의 업무 몰입도는 형편없었습니다. 몰입도가 2대 1, 즉 3명 중 2명은 대충이라도 일을 하지만, 한 사람은 일을 제대로 하지 않을 뿐 아니라 동료들의 업무를 방해하는 적극적 비몰입자였습니다. 코넌트는 한마디로 난파선에 승선한 선장이었습니다. 그는 직원들의 몰입도를 높이는 게 최우선 과제라고 선언했습니다. 많은 임원들은 '그보다 훨씬 긴급한 일이 많은데 몰입도를 높이는 게 최우선 과제라니…' 하면서 코웃음을 쳤습니다. 하지만 그가 CEO로 취임한 후 매년 몰입도가 상승하여 10년 차에는 17 대 1, 즉 18명 중 1명만 적극적 비몰입자인 회사로 탈바꿈했습니다. 취임 당시보다 6배나 더 열심히 일하는 회사가 된 것입니다. 세계 최고 글로벌 기업들의 평균 몰입도가 9.57 대 1이라고 하니 캠벨의 몰입도는 상상을 초월하는 수준입니다.

코넌트 회장은 그 비결을 "따뜻한 마음으로 직원들의 삶을 돌보면서 동시에 엄격한 마인드로 직원들에게 높은 성과를 요구했기 때문"이라며 리더는 '따뜻한 마음'과 '엄격한 마음'을 동시에 가져야 한다고 역설했습니다. 그는 직원들에게 "내가 무엇을 도와주어야 할까요?"라고 물으며 열린 마음으로 의견을 경청했습니다. 직원들은 진정성을 가지고 따뜻하게 다가오는 CEO를 신뢰하기 시작했습니다.

또한 그는 날마다 직원 개개인에게 10~20통의 자필 편지를 썼습니다. 그는 CEO가 되기 전 30여 년간 직장 생활을 하는 동안 최고경영자로부터 두 통의 편지를 받은 적이 있었습니다. 그때 회사와 매우 긍정적이고 깊은 관계를 맺고 있다는 느낌이 들었던 기억 때문에 자신도 그런 경영자가 되어보겠다고 결심한 것을 실천한 것입니다.

편지를 쓰는 것은 경영자로서 코넌트 회장에게도 큰 도움이 되었습니다. 칭찬하기 위해 회사 구석구석에서 어떤 일들이 일어나고 있고, 직원들이 어떻게 일하고 있는지 알기 위해 노력하다 보니 회사의 상황을 파악하는 데 큰 도움이 되었기 때문입니다. 그는 국내는 물론 싱가포르, 시드니, 파리, 모스크바 등 전 세계 사업장에서 회사를 위해 올바른 일을 하거나 우수한 아이디어를 낸 직원, 고객에게 훌륭한 서비스를 제공한 직원을 찾아내 그들의 공을 치하하는 편지를 썼습니다. 10년의 재임 기간 동안 무려 3만여 통의 편지를 썼다고 하니 그의 진정성과 열정, 끈기가 놀랍습니다. 편지를 받은 직원들은 어떤 마음이었을까요? CEO가 자신에게 관심을 갖고 있으며 자신의 기여와 공헌을 잘 알고 있다는, 다시 말해 존중받고 있다는 사실에 깊은 감동을 받아 신바람이 난 직원들은 열심히 일하기 시작했습니다.

대부분의 경영자나 관리자들은 성과에 대한 압박을 받다 보니 직원들의 잘한 점을 찾아 격려하기보다 잘못된 점을 찾아 지적하고 교정하는 데 초점을 맞춘 훈련을 받아왔고, 실제로 그렇게 하는 경향이 있습니다. 그러다 보면 직원들의 공로를 잊어버리거나 무관심하게 지나쳐 그들의 마음을 얻는 데 실패할 수 있습니다. 따라서 직급이 올라갈수록 사소한 것이라도 직원들이 어떻게 기여하고 있는지를 파악하여 이를 치하함으로써 균형을 이루려는 노력이 필요합니다.

## 존중, 직원 몰입의 유일한 열쇠

글로벌 CEO 컨설팅사 테네오TENEO는 글로벌 HR 전문가 6000여 명에게 2021년의 HR 최고 관심 사항이 무엇인지를 물었습니다. 1위가 직원몰입employee engagement이었습니다. 코로나 사태로 원격근무가 늘어나면서 감독자가 없어도, 혹은 전보다 적은 시간 동안 일해도 이전과 동일한 성과를 내고자 한다면 구성원의 자발적 몰입이 필수적입니다. 그런데 갤럽 조사에 의하면 우리나라 기업 구성원들은 11%만 몰입된engaged 상태로 나타나 미국 30%, 세계 평균 13%에 훨씬 못 미쳤습니다. 놀라운 것은 기업 구성원 중에 22%는 적극적 비몰입자로, 회사에 대한 불평을 쏟아내며 동료의 업무를 방해하고 있고, 67%는 몸은 회사에 출근했지만 마음은 다른 곳을 향하고 있다는 것입니다. 모든 직원을 적극적 몰입자로 만들기는 어렵겠지만 그 비율을 몇 %만 올리더라도 훨씬 더 혁신적이고 생산적인 결과를 만들어낼 수 있을 것입니다.

문제는 어떻게 직원들을 몰입시킬 것인가입니다. 1차적으로 당근과 채찍을 떠올릴 것입니다. 하지만 성과보상제도는 '지나친 내부 경쟁과 불평등, 신뢰 저하, 사내 정치를 조장하고 협업과 창의적 집단지성의 발현을 해친다'라는 비판이 제기되면서 상당수 글로벌 기업들이 상대평가를 폐지하고 다양한 성과 평가 시스템을 실험하고 있습니다.

지금 글로벌 HR 전문가들은 몰입의 비결을 직원 존중에서 찾고 있습니다. 글로벌 대표기업들은 경쟁적으로 직원 존중을 실천하고 있습니다. 이제 기업의 경쟁력은 얼마나 직원을 존중하느냐에 달려 있다고 할 수 있습니다.

# 창의성이
# 폭발하는 회사

## 자발적으로 밤샘 근무를 마다하지 않는 이유

한 언론사가 페이스북 입사를 희망하는 대학생들에게 "왜 페이스북입니까?"라고 물었습니다. 돌아온 대답은 "해카톤을 하고 싶어서요"였습니다.

해카톤Hackathon은 해킹Hacking과 마라톤Marathon의 합성어로, IT 관련 분야의 사람들이 모여서 마라톤을 뛰듯이 일정 시간 안에 아이디어를 기획하고 실현 가능한 결과물을 도출하는 이벤트입니다. 페이스북에서는 누군가가 '해카톤 합시다'라는 메시지를 남기면 자발적으로 커다란 홀에 모여 피자와 간식을 먹으며 밤을 새워 이야기를 나누거나 기발한 프로그램을 만들며 의견을 교환합니다. '일하는 밤샘 파티'라고 할까요? 해카톤은

페이스북 성장의 큰 원동력이 되었다고 합니다. 의무적으로 참여해야 하는 것도 아니고 특근 수당을 주는 것도 아니라고 하는데, 그렇게 몰입하여 일할 수 있게 만든 비결은 무엇일까요?

그런 궁금증을 풀기 위해 어느 방송사의 기자가 해카톤을 마치고 나오는 20대 초반의 직원을 인터뷰했습니다.

"해카톤에 참여해야 할 의무도 없고, 돈을 더 주는 것도 아닌데 왜 밤을 새우면서 일하는 겁니까?"라고 물었습니다. 돌아온 대답은 "그러게요. 잘 모르겠는데요. 그냥……재미있잖아요?"였습니다.

글로벌 채용 전문 기업인 랜드스타드Randstad는 캐나다의 석사 이상 고학력 구직자들이 직장을 선택할 때 '연봉'과 '존중받는 정도' 중 어느 것을 더 중요하게 생각하는지 조사했습니다. 응답자들은 '연봉'보다는 '존중받는지'를 가장 중요한 요소로 꼽았으며, 그다음으로 '일이 재미있는지'를 꼽았습니다.

흔히 당근이라고 하는 외재적 동기 때문에 움직이는 사람들은 금전적 혜택 등이 제공될 때만 열심히 일하고 그것이 줄어들거나 사라지면 열심히 일하지 않는 기회주의적 속성을 보이기 때문에 꾸준한 성과를 기대하기 어렵습니다. 하지만 내재적 동기, 즉 일에서 재미를 찾는 사람들은 몰입도가 높고 어려운 상황에 처하더라도 흔들리지 않고 꾸준하게 성과를 낸다는 것이 몰입과 동기부여에 관한 많은 연구의 결론입니다.

페이스북의 해카톤뿐 아니라 많은 혁신 기업들이 재미있는 일터를 만들기 위해 직원을 존중하고, 그들이 무엇을 좋아하는지 파악하여 내재적 동기를 성취할 수 있도록 돕고 있습니다. 혁신이 일어나는 꿈의 직장은 그렇게 직원 존중을 통해 만들어지고 있습니다.

## 창의성이 폭발하는 조직을 만들려면

우리는 오랫동안 "압박이 없으면 다이아몬드를 얻을 수 없다No Pressure, No Diamond"라는 철학자 토마스 칼라일의 말을 신봉하는 경영자들을 많이 보아왔습니다. 이들은 성과를 내기 위해서라면 직원들을 함부로 대하거나 타인의 감정을 무시하는 행동쯤은 용인할 수 있다며 자신의 행동을 정당화하곤 했습니다. 하지만 40여 년간 창의성을 연구해 온 하버드대 경영대학원의 테레사 에머빌Teresa M. Amabile 석좌교수는 연구를 통해 이는 잘못된 생각이라고 주장합니다.

에머빌 교수와 연구진은 3개 산업, 7개 기업의 신사업팀 직원 238명에게 일과가 끝난 후 회사 생활에 대하여 그날의 생각과 감정, 동기부여에 대하여 매일 이메일로 전송하도록 하여 수집한 1만 2천여 건의 일기를 심층 분석하여 직원들의 기분이 창의적 사고에 어떻게 영향을 주는지를 연구했습니다. 이들이 정의한 창의적 사고란 새로운 아이디어를 내거나, 문제 해결 과정에 참여하거나, 아이디어를 물색하는 일이었습니다. 그 결과 1차적으로 직원들이 하루 중 개인의 기분(긍정적이거나 부정적인 감정의 총합)이 좋아질수록 창의성도 높아진다는 점을 발견했습니다. 기분이 나쁜 날에 비해 기분이 좋은 날에는 연구 참여자들이 창의적인 아이디어를 떠올릴 가능성이 50% 높았습니다.

하지만 직원들을 재촉하거나 간섭을 많이 할 경우 직원들은 좋은 아이디어로 프로젝트를 성공적으로 마무리하기보다는 그저 빨리 끝내겠다는 생각으로 스스로도 불만족스러운 결과물을 제출했습니다. 또한 회사나 일에 대한 부정적인 반응이 컸고, 일에 대한 흥미와 의욕이 떨어져 회사를 떠나는 일이 많았습니다.

그렇다면 직원들은 어떨 때 기분이 좋아질까요? 일기를 다시 분석하여 세 가지 요소를 도출했습니다. 그것은 일에서 작은 성공small wins을 경험하는 것, 업무에 필요한 지원을 받는 것, 사내 대인 관계에서 존중, 인정, 격려, 위로와 같은 좋은 경험을 하는 것이었습니다.

에머빌 교수는 큰돈을 들이지 않더라도 구성원들에게 명확한 목표를 제시하고, 직원들이 스스로 일하는 방법을 정할 수 있도록 자유와 권한을 주는 것, 작은 성공과 개선에 대하여 칭찬해 주는 것, 투명하게 정보를 공유하고 팀원들이 서로 부족한 부분을 채워주고 신뢰할 수 있는 분위기를 조성하는 등 업무환경을 바꿔주기만 해도 창의성이 폭발한다고 주장합니다.

커리어시스템인터내셔널의 조사에 의하면 직장인의 40%가 새로운 도전과 경력 계발에 도움이 된다면 금전적으로 손해를 보더라도 지금의 직장을 떠날 마음이 있다고 답했다고 합니다. 인생에서 돈이 전부는 아니라는 것입니다. 그런데 딜로이트컨설팅의 조사에 의하면 다른 곳으로 떠나는 직원 가운데 70%가 지금의 회사 내에서도 충분히 새로운 업무를 찾고 경력을 계발할 수 있었다고 합니다.

새로운 인재를 모셔오는 것보다 더 중요한 것은 이미 근무하는 직원들을 존중하는 것입니다. 그들이 기분 좋게 일하고 있는지, 그렇게 하기 위해 무엇을 해야 하는지 점검해 보아야 합니다.

# 최강 팀은 어떻게
# 만들어지는가

## 당신에게 중요한 것은 무엇인가

리투아니아에는 유럽 농구계의 전설적인 포인트 가드로 명성을 날린 선수 출신 감독 사루나스 야시케비셔스Sarunas Jasikevicius가 있습니다. 그는 16세에 미국에 유학하여 농구를 배웠고 유럽 리그에서뿐 아니라 국가대표로도 맹활약했습니다. 2000년 시드니 올림픽에서는 92년 바르셀로나 올림픽 이후 40연승을 달리던 드림팀 미국을 상대로 83대 85라는 성적으로 간담을 서늘하게 하더니 2004년 아테네 올림픽에서는 94대 90으로 패배를 안긴 이변의 주인공이기도 합니다.

그는 은퇴 후 고국인 리투아니아 프로 농구팀 잘기리스Zalgiris Kaunas의 수석 코치를 거쳐 감독이 되었습니다. 감독으로 부임한 2016/2017년 리그에서 팀은 승승장구하며 플레이오프 준결승에 진출했습니다. 1차전에서는 승리했지만 2차전에서는 85대 96으로 대패했습니다. 3차전 우승이 절실한 시점이었는데 주전 선수로 부상도 없이 맹활약하던 아구스트 리마 선수가 갑자기 결장을 선언했습니다. 아내의 출산 날짜와 3차전 경기 날짜가 겹쳤기 때문입니다. 리마 선수의 불참으로 팀은 70대 73으로 아깝게 패하고 말았습니다. 경기 후에 야스케비셔스 감독은 무거운 마음으로 기자회견장으로 향했습니다.

한 젊은 기자가 "이렇게 중요한 경기를 앞두고 선수가 자녀 출산 때문에 결장한 것이 이해가 되지 않는다"며 어떻게 생각하느냐고 집요하게 물었습니다. 감독이 허락한 일이라고 하자 기자는 재차 준결승 시리즈 도중 선수가 팀을 이탈하는 게 일반적이냐고 물었습니다. 그러자 야스케비셔스 감독은 "당신은 자녀가 있나요? 젊은 기자 분 당신도 아이를 가지면 이해하게 될 겁니다. 인간이 경험할 수 있는 최고의 경지이기 때문입니다. 와우! 좋은 질문이었어요. 당신은 인생에서 농구가 가장 중요하다고 생각하나요?"라고 대답했습니다.

기자는 다시 "아니요. 하지만 준결승은 중요하지 않나요?"라고 물었습니다. 야스케비셔스 감독은 이렇게 대답했습니다.

"준결승이요? 누구에게 중요하죠? 팀이요? 어떤 팀이요? 잘기리스 팀이요? 오늘 많이 와주신 관중들을 보셨나요? 중요했나요? 당신의 첫 아이를 보는 순간, 인생에서 무엇이 가장 중요한지 이해하게 될 겁니다. 세상에서 아이의 탄생만큼 경이로운 일은 없습니다. 저를 믿으세요. 우승이나 그 밖의 무엇과도 비교할 수 없습니다. 아구스트 리마 선수는 지금 천국에 있는 느낌일 겁니다. 저는 그래서 지금 정말 기쁩니다."

리마 선수는 감독의 배려 덕분에 출산의 고통으로 힘들어하는 아내와 함께할 수 있었고 최고의 선물인 아이를 직접 맞이할 수 있었습니다.

그 후 그는 팀에 복귀하여 결승전에서 좋은 활약을 펼쳐 팀이 4 대 1 승리로 우승하는 데 기여했습니다. 그리고 팀은 2019년 시즌까지 4년 연속 우승을 차지했습니다. 야스케비셔스 감독은 지금 우리에게 묻고 있습니다. 무엇이 가장 중요한지, 무엇을 가장 존중해야 하는지 말입니다.

## 왜 직원이 먼저인가

> 매장의 한 요리사에게 레스토랑에서 돈을 잘 벌다가 왜 이곳으로 왔느냐고 물어보자 이렇게 대답했다. "농담하십니까? 거기에 있는 제 친구들은 모두 이곳으로 오고 싶어 해요. 저는 지금 레스토랑에서 일할 때보다 훨씬 창조적으로 일하고 있거든요."

피터 드러커, 마이클 포터 등과 함께 세계에서 가장 영향력 있는 경영 사상가 중 한 사람으로 알려진 에이드리언 슬라이워츠키Adrian J. Slywotzky가 그의 저서 『디맨드』에서 소개한 미국의 슈퍼마켓 체인 웨그먼스 Wegmans에 관한 이야기입니다.

웨그먼스는 미국인들이 가장 선호하는 푸드 마켓Food Market 브랜드입니다. 회사 홈페이지에는 '우리 동네에도 점포를 열어주세요'라는 글이 올라올 정도로 미국인의 사랑을 받는 기업입니다. 매장 수라야 100여 개 정도라 규모 면에서 월마트에 비하면 초라하지만 회사에 만족한다는 직원의 비율이 98%에 이르고, 이직률이 높기로 소문난 유통업계에서 가장 낮은 이직률로 이직 비용이 타사 대비 40% 이상 적게 들어가는 좋은 기업으로 정평이 나 있습니다. 미국의 포춘지가 1998년 이후 매년 발표하는 '일하기 좋은 100대 기업' 명단에 웨그먼스는 한 번도 빠지지 않고 등장하고 있습니다. 구글에 이어 2위에 오른 적도 있을 정도입니다. 이처럼 직원과 고객 모두에게 사랑받는 기업으로 성장한 비결이 궁금합니다.

경영사상가들은 '직원이 먼저, 고객은 그다음Employees First, Customer Second'이라는 웨그먼스의 경영철학에서 그 비결을 찾고 있습니다. 이를 잘 보여주는 일화가 있습니다. 2012년 뉴욕의 한 매장이 문을 닫은 적이 있습니다. 회사는 250명의 직원을 뉴욕의 다른 매장에서 일하도록 조치함으로써 직원들이 안심하고 일할 수 있도록 했습니다. 창립 이후 '정리해고 없음No layoff'이라는 원칙을 지킨 것입니다.

이 회사에는 직원을 존중하는 갖가지 제도와 이벤트가 있습니다. 대학을 졸업하지 못한 직원을 위한 진학 비용 지원, 일과 삶의 균형을 위한 유연근무제, 작은 일이라도 축하할 일이 있을 때 함께 모여 축하해 주는 소규모 파티, 치즈 담당 직원에게는 스위스 낙농업 견학, 와인 담당자에게는 프랑스 와인 산업 견학과 학습 등이 바로 그것입니다. 구성원들은 가족과 같은 유대감을 형성하고 성장을 경험하며 감사하는 마음으로 업무를 수행하게 되었습니다.

특히 인상적인 것은 매뉴얼에 얽매이지 않고 자율적으로 서비스를 제공할 수 있도록 한 것입니다. 집의 오븐 크기가 작아 고민하는 고객을 위해 매장에서 칠면조 고기를 요리해 준 경우도 있고, 한 제빵사가 집안 대대로 내려오는 레시피라며 초콜릿 쿠키를 자랑하자 CEO 대니 웨그먼Danny Wegman이 그걸 만들어 팔아보라고 해서 인기 상품이 된 적도 있습니다.

USA 투데이 기자가 최고의 마트로 성장한 비결을 묻자 웨그먼은 "우리 직원들은 고객들이 행복하게 대접받는다고 느끼도록 해줍니다. 모두 직원들 덕분입니다. 내 역할은 그런 직원들이 행복하게 대접받도록 하는 것입니다."라며 모든 공을 직원들에게 돌렸습니다.

고객이 직원들을 무례하거나 부당하게 대하더라도 '고객이 왕이다'라는 대원칙을 강조하며 직원들이 극단적 감정노동자의 처지로 전락할 때까지 방치했던 부끄러운 관행들은 이제 사라져야 합니다. 야스케비셔스 감독과 웨그먼 회장의 이야기는 최강팀을 만들고자 한다면 '사람이 먼저'라는 큰 교훈을 남겼습니다. 그리고 그들은 우리에게 진정으로 중요한 것이 무엇인지, 무엇을 존중해야 하는지 묻고 있습니다.

## 강소기업을 만드는 존중의 힘

'존중경영'은 중소기업을 강하게 만드는 강력한 힘이라는 사실을 보여주는 경영자가 있습니다. 리텍의 이건직 대표입니다. 리텍은 암반파쇄기의 핵심 제어 시스템을 제작하여 전량 해외로 수출하는, 작지만 강한 회사입니다. 이 대표는 저와 속에 있는 모든 얘기를 다 나눌 정도로 가장 친한 친구 중 한 사람으로, 오랫동안 관찰한 바에 의하면 그의 성공 비결은 '기술개발'과 '직원 존중'이었습니다.

인천기계공고를 졸업하고 대우중공업(현 현대두산인프라코어) 근로자 생활을 거쳐 1인 기업인 '기술연구소'를 창업하였다가 오늘에 이르게 되었는데, 지금까지 정부지원금을 한 번도 신청해 본 적도, 생각해 본 적도 없습니다. 지원금을 어떻게 받을까 고민하는 시간에 기술개발에 집중하여 스스로 생존할 수 있는 경쟁력을 확보하겠다는 소신 때문입니다. 덕분에 지금은 대기업이 넘보지 않는 틈새 시장에서 세계 최고 수준의 기술력을 인정받아 이 회사의 부품을 사용한 기업이 자국과 유럽 시장에서 폭발적인 성장을 기록하고 있습니다. 물론 리텍도 함께 성장하고 있습니다.

이 대표의 직원 존중 실천은 제가 이 친구를 존경할 수밖에 없게 만듭

니다. 그는 일 년에 한두 번 평일에 공장 문을 닫고 직원들에게 겨울엔 스키, 봄 가을에는 바다 낚시를 경험시켜 줍니다. 또한 회사에 여러 대의 카약을 마련하여 직원들이 언제든지 쓸 수 있도록 하고 있습니다. 그렇게 하는 첫 번째 이유는, 직원들이 중소기업에 다니며 본인의 돈으로 이런 체험을 쉽게 하지 못할 것이라는 생각 때문이고, 두 번째 이유는 주말에 이런 활동을 하면 개인의 시간을 침해하는 것이기에 평일에 급여를 받아가면서 즐겁게 놀 수 있도록 배려한 것입니다. 직원들이 개인사 혹은 가정사로 어려움을 겪을 때는 상담해 주고 때론 물질적 지원을 해줄 정도로, 부모처럼 때론 형님처럼 대해 줍니다. 주말이나 퇴근 후에는 직원들에게 일체 연락하지 않습니다. 회사의 시간과 개인의 시간의 경계를 분명하게 구분하여 존중해 주기 때문입니다. 그는 회사의 성과를 정기적으로 직원들과 공유하며 비전을 공유합니다. 직원들의 주인의식과 몰입도가 높을 수밖에 없습니다.

한때 해외 고객사의 내부 불화로 수출 물량이 격감하여 회사가 어려움에 처한 적이 있었는데, 직원들에게 모든 사실을 정확하게 알리고 적자 경영 계획을 세운 후 이는 감당 가능한 수준이며 직원들과 함께 가겠다고 안심시켜 준 후 기술개발에 집중하여 현재는 역대 최고의 성과를 기록하고 있습니다. 최근에는 수출 물량이 급증하여 직원들의 특근이 많아지자 직원 건강을 위해 홍삼을 두 박스씩 주문해서 나눠주기도 했습니다. 한 박스씩 자주 주는 게 낫지 않겠냐고 물었더니 한 박스만 주면 가족이나 부모님께 드리고 정작 본인은 마시지 않을 수도 있기 때문에 두 박스를 선물한다는 얘기를 듣고 이 대표의 마음 씀씀이에 새삼 감탄했습니다.

회사의 성과가 좋을 때는 예정에 없던 파격적인 보너스를 수시로 지급하니 직원들은 신이 납니다. 이 대표는 몰입하여 일하는데, 그렇게 하는 이유 중 하나는 '가치있는 일에 더 많이 쓰기 위해서'라고 합니다. 그동안 알게 모르게 장학사업에 큰돈을 기부했고, 학교장 추천을 받은 특목고 학생들에게 해외 산업전시회를 관람시키며 꿈을 심어주기도 합니다.

이런 얘기를 하면 '중소기업이 무슨 여력이 있어서'라고 생각할지 모릅니다. 하지만 중소기업이야말로 대기업보다 더 존중 경영에 관심을 가져야 합니다. 대기업만큼 물질적으로 대우해 주기 어렵다면 마음으로라도 직원들이 오랫동안 머물며 일하고 싶은 일터를 만들어야 하기 때문입니다. 비록 대기업에 비하여 급여는 적지만 이렇게 따뜻하고 좋은 사람들을 어디에서 만날 수 있을까, 감사하는 마음으로 경영자를 믿고 따르게 하려면 직원들을 존중해 주는 수밖에 없습니다. 그런데 마음이 가난한 경영자들을 만날 때가 있습니다. 직원들에게는 인색하고 모든 문제의 원인을 직원 탓으로 돌리는 경영자들 말입니다. 이런 경영자들이 입에 달고 다니는 말은 "월급도 많이 주는데(?)", "요즘 것들은…"입니다.

강소기업으로 가는 길은 '직원 존중'으로부터 시작된다는 믿음을 가진 중소기업이 많아져야겠습니다.

팀 동료들을 존중하지 않으면 절대 이길 수 없다. 좋은 게임을 만끽하려면 상대편 선수까지도 존중해야 한다. 그것이 최고가 되는 비결이다.
-존 우든, 미국 농구의 전설. 『88연승의 비밀』의 저자

# 성공한 사람보다
# 존경받는 사람!

## 존경은 사장실의 화려함과 비례하지 않는다

집안 형편이 어려워 초등학교를 중퇴한 '99플라워'의 윤공순 대표는 꽃이 좋아 경기도 평택에서 1평도 안 되는 꽃가게를 시작, 한국 최고의 꽃배달 기업으로 키웠습니다. 자신의 이름을 딴 사옥을 지었는데, 사장실을 지하에 배치하여 방문자들이 그 이유를 궁금해하는 경우가 많습니다. 윤 대표는 "권위 의식을 가져 봐야 회사에 이익 되는 게 하나도 없기 때문"이라고 합니다. 그녀는 지금까지 직원보다 자신이 높은 위치에 있다고 생각해 본 적이 없습니다. 그녀에게서는 자수성가한 사람들에게서 흔히 볼 수 있는 오만함이나 무례함을 찾아볼 수 없습니다. 직원들도 집에 가면

다 소중한 자식이라는 생각에 청소도 본인이 직접 하고 직원들이 눈치 보지 않고 마음껏 육아휴직을 사용할 수 있도록 하고 있습니다. 직원들이 자녀를 많이 낳았다고 보건복지부에서 찾아오기도 했을 정도라고 하니 얼마나 편하게 육아휴직을 이용할 수 있는지 짐작이 갑니다. 직원들의 해외여행 지원, 수습 기간 없는 정규직 채용 등 규모에 비해 나름 잘 갖춰진 복지제도까지 운영하고 있습니다.

사옥을 지으면서 사무실 냉장고에 맥주를 준비해 두는 것을 가장 먼저 하고 싶었던 윤 대표는 실제로 사장실 옆에 직원 휴게소를 마련하고 냉장고에 맥주를 채워 놓았습니다.

기분이 안 좋아 보이는 직원이 있으면 근무시간 중이라도 직원들과 통닭 시켜놓고 한잔하면서 이야기를 나눕니다. 오해가 있다면 풀고, 혹시 사장 때문에 언짢은 일이 있었다면 바로 사과합니다. 직원들과 친구처럼 지내는 것을 보고 그렇게까지 해야 하느냐며 이해하지 못하는 사람들이 있다고 합니다. 하지만 윤 대표는 자식이나 가족보다 더 많은 시간을 함께 보내는 게 직원들이고, 대표는 아이디어만 제공할 뿐, 일은 직원들이 다 하니 그들이 가장 소중한 사람이라고 생각합니다.

윤 대표는 명령하는 사장이기보다 친구처럼, 자매처럼, 때로는 상담자로서 직원들을 귀하게 대해 주었습니다. 지금까지 회사가 싫어서 떠난 직원은 한 명도 없다고 합니다. 자신들을 존중해 주는 윤 대표를 존경하고 신뢰하기 때문이겠지요.

존경이란 사장실의 위치와 화려함에서 오는 것이 아니라 상대방을 얼마나 존중하느냐에 달려 있습니다.

## 성공한 사람이 아니라 존경받는 사람이 되자

I want to be _____ .

여러분은 빈칸에 무엇을 적고 싶습니까? 가수이자 공연기획자 박진영 씨는 한 예능 프로그램에서 화이트보드에 이 문장을 적어 놓고 강의를 시작했습니다. 처음에 그는 'successful', 즉 성공하고 싶다고 썼습니다. 그의 바람대로 20대부터 가수이자 공연기획사 대표로 그야말로 승승장구했습니다. 사람들은 박진영을 연호하고 박수를 쳐주었지만 가슴은 뭔가 허전했습니다. 그토록 원했던 것을 다 이루었는데, 도대체 이게 뭐지? 그것을 찾아보자 결심했습니다. 찾다 못 찾으면 그대로 살지, 하는 마음으로 시작한 일이었는데, 그것은 successful을 respected로 바꾼 것, 즉 존경받는 삶을 살자고 바꾼 것이었습니다. 그렇게 결심하자 허전했던 마음이 다 해소되었다고 합니다.

성공이 결과만을 생각하는 것이라면, 존경은 과정까지를 고려한 것입니다. 성공하기는 했는데 그것이 불법이거나 남을 괴롭히거나 피해를 준 결과로 얻은 것이라면 비난을 받을 것입니다. 박진영 씨는 끊임없이 자신을 발전시켜 가며 프로의 모습을 보여주고 있기도 하지만, 경영자로서도 소속 가수들을 평가할 때 음반 판매량이나 인기보다는 성실성과 근면성 등 성품을 더 높이 평가하고, 소속 가수들의 정신건강을 챙기는 등 가족처럼 귀하게 여기는 것으로 알려져 있습니다. 그는 한 매체와의 인터뷰에서 "일부 회사에서 다른 회사에 못 가게 하는 (계약)조항이 있는 걸

봤다. 그 대표에게 '당신의 딸, 아들이라고 생각해 봐라'라고 말하고 싶다며 다른 회사에 가서 대박이 났다면 축하해 줘야 할 것 아니냐"라며 소신을 밝힌 바 있습니다. 실제로 GOD, 비 등 자신이 키운 가수들의 전속 계약 기간이 끝나자 쿨하게 보내주었고 지금도 돈독한 관계를 이어가고 있다고 하는 것으로 보아 소속 연예인들을 갑과 을이 아니라 파트너로 존중했다는 말이 그냥 나온 말은 아닌 것 같습니다.

한 사람의 일생을 평가하는 척도 중 하나는 마지막 모습일 것입니다. 현재의 직장을 떠난다고 했을 때 직원들은 당신을 어떻게 평가해 줄까요? 은퇴 후 어느 날 거리에서 우연히 직원들을 만났다면 그들은 당신을 어떻게 기억하고 있을까요? 직원들을 따뜻하게 존중해 주고 그들의 성장을 위해 진심으로 애썼다면, 시간이 지나도 존경하는 마음이 오랫동안 남지 않을까요?

결국 마지막 평가는 얼마나 존중했는가로 결정될 것입니다. 돈을 많이 벌고 높은 지위를 차지하면 많은 사람에게 부러움의 대상이 될 것입니다. 그러나 부러운 사람이 반드시 존경받는 것은 아닙니다. 타인을 존중하지 않고 진정으로 존경받기는 불가능합니다. 그러니 성공한 사람이 되기보다 존경받는 사람이 되기로 결심하는 것이 먼저입니다. 그 결심이 결국 당신을 진정한 성공으로 이끌어주지 않을까요?

# 행복한 가정의
# 기초는?

## 부부 사이를 견고하게 지켜주는 힘

김상숙 씨(가명)는 결혼 이후 행복한 날이 거의 없었습니다. 남편은 결혼 전은 물론 결혼 후에도 직장에서 과묵하고 성실하며 친절하다는 평가를 받는 사람이었습니다. 물론 결혼 전에는 김상숙 씨에게도 친절한 남자였습니다. 그런데 결혼 이후의 남편은 전혀 다른 사람이었습니다. 남편은 집안일을 전혀 도와주지 않았습니다. 직장에서 스트레스라도 받은 날에는 영락없이 화를 내고 잔소리를 해댔습니다. 힘든 일이 있어 도와달라고 하면 "집에서 가만히 쉬면서 뭐가 힘들어? 나는 하루 종일 죽을 둥 살 둥 일을 하는데 말이야"라면서 정떨어지는 말만 골라 했습니다. 결국 두 사람은 헤어졌습니다. 김상숙 씨의 남편을 잘 아는 사람들은 그렇게 성실하고 친절한 사람이 왜 그렇게 되었는지 궁금하다고 했습니다.

사랑해서 결혼했는데 왜 이런 일이 일어나는 것일까요? 타인에게는 친절한데 가까운 사람들은 함부로 대하는 사람들은 소위 '친절 딜레마'에 빠진 사람들입니다. 이들은 사랑하니까, 가족이니까 이해해 주겠거니 합니다. 아동학대의 80%는 가정에서 발생한다고 하죠. 사건이 알려지고 나면 그를 아는 사람들은 '그럴 사람이 아닌데'라고 말하곤 합니다. 실은 김상숙 씨의 남편은 원래 친절한 사람이 아니라 무례한 사람이었는데 이를 감추고 있었을 뿐입니다.

미국 코넬대 연구팀에 의하면 격정적인 사랑의 유효기간은 18~30개월 정도라고 합니다. 결혼해야겠다고 결심했던 이유인 뜨거운 사랑은 그리 오래가지 못한다는 이야기입니다.

부부 사이를 견고하게 지켜주는 힘은 사랑이 아니라 존중입니다. 존중이란 상대방의 감정을 헤아려 필요한 도움을 주고, 함부로 구속하지 않으며 배려해 주는 적극적인 행동입니다. 존중은 끊임없이 상대를 향하여 노력하는 과정이기에 부부 사이를 견고하게 지켜주는 힘이 됩니다. 이혼 전문 변호사 마를린 치니츠는 수백 쌍의 커플을 만나 상담해 보니 이혼하는 가장 흔한 이유는 '존중의 결여'에 있다고 하면서 사랑보다 존중이 더 중요한 이유를 이렇게 설명합니다.

"사랑이란 게 원래 변덕스러운 날씨와도 같다. 수시로 변하기 때문이다. 사랑스럽다가 밉기도 하고 말이다. 반면에 존중은 견고한 감정이다.

나는 결혼 생활의 펀더멘탈은 존중이라고 본다. 존중은 항상 그 자리에 머물면서 닻을 내린다."

가정은 존중을 배우고 내면화하는 데 가장 중요한 장소입니다. 그런데 가정은 사람의 가장 추악한 모습을 드러내는 장소이기도 합니다. 사랑하고 사랑받아야 할 가족들을 무관심 속에 방치하거나 생각과 선택을 강요하고, 함부로 감정을 무시하면서 폭언과 폭행으로 상처를 주는 가정들이 얼마나 많은지요? 이런 가정에서 자라는 아이들은 또다시 무례함의 악순환에 빠져들 가능성이 높습니다. 존중은 가르치는 것이 아니라 보여주는 것입니다. 존중을 보고 자란 아이는 존중을 배우지만, 무례함을 보고 자란 아이는 무례함을 배웁니다. 당신은 가족에게 무엇을 보여주고 있습니까?

## 가족이란 무엇인가

K사에서 강의 중에 '존중받는다고 느꼈던 경험'을 공유하는 시간을 가졌습니다. 감동적인 내용이 많았는데, 결혼 4년 차 신현주 대리가 발표한 내용이 특히 기억에 남습니다.

"보험사기 사건과 관련한 업무를 처리하느라 몹시 바쁜 날이었습니다. 설상가상으로 다른 힘든 일까지 겹쳐 그야말로 녹초가 되고 말았습니다.
아내에게 전화하여 그날 있었던 일들을 이야기하며 '오늘 너무 힘들었

44

다'라고 말하고는 퇴근 후 지하철을 탔습니다. 지하철역 계단을 터벅터벅 걸어 나오는데, 그곳에 아내와 네 살 된 딸이 서 있었습니다. 딸이 달려와 내 가슴에 와락 안기며 '아빠, 오늘 힘들었지?' 하는데, 그게 뭐라고 가슴에 뭐가 치밀어 올라 그만 눈물을 흘리고 말았습니다. 그날 하루의 피로가 다 날아갔습니다. 소중한 가족을 위해 열심히 살아야겠다고 다짐했습니다."

신 대리의 이야기에 다들 감동했는지 '와!' 하는 함성과 함께 박수를 쳐주었습니다. 가족이란 '존중 공동체'가 되어야 합니다. 신 대리의 가족처럼 서로 관심을 기울여주고 기쁨과 슬픔을 함께 나누며 서로에게 힘이 되고 의지할 수 있는 공동체 말입니다.

## 내 남편과 결혼할 분을 찾습니다

미국의 동화 작가 에이미 크라우즈 로즌솔Amy Krouse Rosenthal은 결혼 26년 차인 51세에 남편과 함께 26년은 더 살 수 있으리라 생각했습니다. 그런데 배가 아파 병원 응급실에 가서 진단을 받고 난소암, 그것도 시한부 판정을 받았습니다. 이때 그녀는 '암'이라는 단어 cancer와 '무효화한다'는 cancel이 왜 한 끗 차이인지 비로소 깨달았습니다. 진통제를 맞은 데다 5주째 음식을 제대로 못 먹어 의식이 불투명해지곤 해서 글을 쓰기가 어려웠습니다. 살 날이 얼마 남지 않았다는 생각이 들자 그녀는 남편을 위해 무언가를 해야겠다고 생각하고 밸런타인데이에 글을 썼습니다. 그리고 뉴욕타임스 칼럼 코너인 '모던 러브Modern Love'에 남편과 결혼해 줄 여성을 찾는다는 글을 게재했습니다.

"제 남편과 결혼해 주실 여성분을 찾습니다. 결단코 말씀드리는데, 그이는 금세 사랑에 빠질 만한 남자입니다. 아버지 친구가 소개팅을 주선해 주셔서 만났는데, 저는 첫눈에 반했습니다. 9490일을 함께 살아본 제가 장담합니다. 키 1m 78cm, 몸무게 73kg, 희끗희끗한 머리에 담갈색 눈을 가졌습니다. 성공한 변호사, 훌륭한 아빠, 옷 잘 입는 멋쟁이, 기막힌 요리사인 데다 집 안 구석구석 못 고치는 것이 없습니다. 아 참, 엄청나게 잘생겼다고 말했나요? 제가 소망하는 건 오직 하나뿐입니다. 부디 좋은 여성분이 이 글을 읽고 그이를 만나 새로운 러브스토리를 꾸려나가는 것, 그것뿐입니다."

그로부터 열흘 뒤 그녀는 세상을 떠났습니다.
그로부터 1년 뒤 그녀의 남편 제이슨도 아내가 기고했던 그 코너에 글을 올렸습니다.

**내 아내는 당신에게 나와 결혼해도 좋다고 말했습니다**

"제가 그 남편입니다. 아내가 1년여 전에 올린 글은 광고라기보다 저에 대한 러브 레터와 같은 것이었습니다. 열흘 뒤에 저세상으로 갔으니 이 세상에 남긴 마지막 글이 됐습니다. 아내가 떠나고 난 뒤 홀아버지로서 수많은 결정에 직면해야 했습니다. 인생의 성쇠를 함께하며 도와줄 그녀가 더 이상 곁에 없었습니다. 가장 잔인한 아이러니는 26년간 살아온 아내, 아이들의 엄마, 가장 좋은 친구를 한꺼번에 잃어버리고 나서야 하루하루를 음미할 줄 알게 됐다는 겁니다. 진부한 말로 들릴 겁니다. 진부합니다. 그런데 사실입니다."

남편 제이슨은 그의 회고록 『내 아내는 당신에게 나와 결혼해도 좋다고 말했습니다』에서 "남자는 바위처럼 단단한 금욕적 유형으로 묘사됩니다. 감정을 드러내지 않아야 한다고 하죠. 그것은 허튼소리입니다. 저는 아내의 시신이 들것에 실려 나갈 때 아기처럼 울어댔습니다. 눈이 붓도록 말입니다. 그 후 함께 들었던 귀에 익은 곡조가 흘러나오면 차 안에서 가슴이 미어지도록 울었습니다. 저는 그랬습니다."

가슴이 먹먹해지는 아름답고 슬픈 이야기입니다. 죽음 앞에서 남편에게 자유를 주고자 했던 아내의 숭고한 사랑, 그리고 아직도 그 아내를 그리워하고 소중하게 생각하는 남편의 진심에서 존중이란 상대에게 자유를 주는 것이며, 그 존중이 부부 사이의 행복을 지켜주는 힘이라는 사실을 깨닫습니다.

## 존중, 최고의 결혼 준비

아들 한별이가 9년 이상을 사귀어온 소현이와 결혼을 하고 싶다고 하여 상견례 날짜를 잡았습니다. 사돈 되실 분들에게 부담을 주지 않고 편하게 대화하려고 캐주얼 복장으로 만나자고 말씀드렸습니다. 우리 가족은 상견례장에 미리 도착하여 소현이와 한별이의 이름으로 4행시를 지은 환영 문구를 출력하여 입구와 식장 안에 붙여 놓았습니다.

'소현'가족을 환영하고 축복합니다.

소중한 인연으로 만난 두 사람

현명하게 생각하고 행동하며

한결같은 마음으로

별처럼 아름답게 살아가기를 축복합니다.

긴장된 마음으로 도착한 사돈 가족들은 환영 문구에 감동하는 것 같았습니다. (이 4행시는 소현이의 제안으로 청첩장 문구로 사용되기도 했습니다.) 편안한 분위기를 조성하기 위해 "지금부터 가족정상회담을 시작하겠습니다"라고 유머를 던지자 폭소가 터졌습니다. "우리는 기독교라서 모든 예식을 기도로 시작하는데, 기도를 해도 되겠습니까?"라고 사돈에게 정중하게 여쭈자 "예, 물론이죠"라고 하여 아이들의 만남과 양가를 축복하는 기도로 상견례를 시작했습니다. 아내는 예쁘고 착한 딸을 며느리로 보내주셔서 감사하다며 화분을 준비하여 전해 드렸고, 이번에는 아이들이 '좋은 사위(며느리)가 되겠습니다'라는 글이 적힌 자그마한 화분을 전해 주었습니다.

결혼이 피차 부담을 주는 것이 아니기를 바라는 마음으로 "혼수 없습니다. 박수!"라고 하자 모두 박수를 쳤습니다. 사돈은 그렇게 해도 되겠느냐고 하셨지만 저는 괜찮다고 안심시켜 드린 후 '결혼식은 기독교식으로 예배로 드린다', '폐백을 하지 않는다', '양복과 한복은 양가 스스로 준비한다' 등 몇 가지 가족정상회담 합의 결과를 기분 좋게 도출하며 결혼 준비에 대한 모든 부담을 덜었습니다.

부담이 없어지자 양가 가족들은 마치 오래전에 만난 사람들처럼 편안하고 재미있게 시간 가는 줄 모르며 대화를 이어갔습니다. 음식을 서빙하는 직원은 "오전 상견례는 절간 같았는데, 이처럼 재미있고 즐거운 상견례는 처음 봅니다"라며 마치 자기 일처럼 좋아했습니다.

혼수 문제로 인한 갈등으로 파혼에 이르는 경우가 드물지 않다고 합니다. 서로 사랑하고 존중하며 가볍게 출발해야 할 결혼이 물질 때문에 출발부터 상처를 안고 무겁게 달리게 되었으니 이 얼마나 안타까운 일인가요? 존중이 사라진 결혼에서 무엇을 기대할 수 있을까요? 결혼 최고의 준비는 혼수가 아니라 존중임을 명심해야 하겠습니다. 결혼 서약을 지켜주는 힘은 물질이 아니라 존중이기 때문입니다.

## 존중은 자녀를 최고로 만든다

미국과 한국에서 오랫동안 기독교 교육과 사교육을 넘나들며 초중고 학생들을 지도했던 유하워드 원장은 서른이 넘어 더 잘 되는 아이들을 관찰하고 목격했습니다. 그는 한 방송 특강에서 공부 잘하는 학생들의 특징을 살펴보니 흔히 예상할 수 있는 것처럼 부모들이 짜준 **빡빡한** 스케줄에 맞춰 강한 압박감 속에서 치열하게 공부하는 아이들이었습니다. 이들이 즐겨 하는 얘기 중에는 '어느 학원이 좋다' '어떤 선생이 좋다'는 말이 많았다고 합니다. 그런데 우수 학생들 중에서 최상위권 학생들은 앞서 언급했던 공부 잘하는 아이들과는 전혀 다른 특징을 보였다고 합니다. 이들에게 발견된 공통적인 특징은 바로 부모님에 대한 '존경심'이었습니다. 노부모를 잘 섬기고, 결손 가정의 어린이들이나 가난한 이웃들을 돌보는 등 부모들이 보여 주는 '존중'의 행동을 보고 마음 속에 저절로 존경하는 마음이 생긴 학생들이었습니다. 부모를 존경하는 마음이 생기자 부모의 말에 순종하게 되고, 힘들 때도 포기하지 않고 열심히 노력하게 되었다고 합니다.

아이들한테 부족함 없이 다 해주었는데 아이들은 부모를 몰라준다고 원망하는 부모들이 있습니다. 그런데 아이들은 엄마 아버지가 조부모님과 타인들을 어떻게 대하고 있는지 다 알고 있습니다. 타인에게 함부로 대하는 부모가 존경을 받을 가능성은 그리 높지 않아 보입니다. 어쩌면 타인에게 무례하게 행동하는 것이야말로 자녀를 망치는 확실한 방법일지 모릅니다. 자녀들은 부모를 보고 배우기 때문입니다.

혼인하고 장가드는 데 재물을 논하는 것은 오랑캐나 하는 일이다.
-문중자(文仲子), 『명심보감』 치가편(治家篇)

# 가성비 최고의
# 투자는?

## 3분, 소송을 당하지 않는 비결

저는 크게 아프지는 않지만 경미한 증상의 류마티스성 질환이 있어 몇 개월에 한 번씩 찾는 한 대학병원이 있습니다. 주치의인 권성렬 교수는 진료실 문을 열면 자리에서 일어나 반갑게 인사를 합니다. 어느 날은 인터넷 검색을 하다 제가 쓴 책을 발견했다며 제가 하는 일에 관심을 보이더니, 어느 때는 산업계의 동향을 묻기도 하고, 읽어야 할 책을 추천해 달라고 요청하기도 합니다. 권 교수는 환자들과 짧은 대화를 통해 환자들의 사정을 파악하고 기억하여 다음 진료 때 이야기 소재로 삼기도 합니다. 권 교수의 의술이 어느 경지인지는 잘 모르지만 권 교수가 진료하고 처방하고 말해 주는 모든 것에 신뢰가 갑니다. 혹시 이 다음에 의료사고가 난다고 할지라도 이분을 고소할 수는 없을 것 같습니다.

가끔 같은 병원에 장모님을 모시고 신경외과에 갑니다. 그런데 장모님의 주치의는 권 교수와는 정반대입니다. 만나면 그냥 기분이 나쁩니다. "안녕하세요?" 인사하며 진료실에 들어서면 아무 표정 없이 "예"라고 대답하는데, 인간미라고는 눈꼽만큼도 없어 보입니다. 환자들 대부분은 그 의사의 부모님 같은 분들인데 "~하셨어?" "응" 하는 식으로 반말인지 존댓말인지 알 수 없게 문진합니다. 장모님은 가슴이 답답하다 하시는데 검사 결과 이상이 없으니 괜찮다며 불만이 가득한 목소리로 환자에게 면박을 주기 일쑤입니다. 옆에서 지켜보는 내내 뭔가 한 마디 해주고 싶지만 그냥 참고 나오곤 합니다. 만약 장모님에게 무슨 일이 생기면 고소를 하고 싶어질 것 같습니다.

이런 일은 미국에서도 마찬가지인가 봅니다. 하버드 케네디스쿨의 아마타 캔드라 교수는 의료 과실과 관련된 자료를 분석한 결과 미국 의사 14명 중 1명은 의료소송에 휘말리는 것을 확인했습니다. 어떤 의사가 소송을 많이 당하고, 어떤 의사가 소송을 적게 당할까요?

미국에서 레빈슨Levinson.W 외 네 명의 연구자가 수시로 소송을 당하는 의사와 한 번도 소송을 당하지 않는 의사가 어떻게 다른지를 연구했는데, 비결은 '3분'이었습니다. 소송을 당하지 않은 의사들은 일반적인 의사들에 비하여 환자와 3분 정도 더 시간을 내어 대화를 나누었는데, 환자에게 해준 말의 내용은 동일했다고 합니다. 결정적인 차이는, 환자들에게 더 많은 정보를 주기 위해 노력하고 친절하게 응대하는 등 환자를 존중하는 태도를 보여준 것이었습니다. 반면에 소송을 많이 당하는 의사들은 권위적인 말투로 환자들에게 상처를 주는 말을 했다고 합니다. 3분의 차이가 어마어마한 차이를 가져온 것입니다. 스탠포드대 심리학 교수를 지낸 낼리니 앰베이디N. Ambady와 동료들은 의사와 환자가 대화하는 장면을 동영상에 담아 인간미와 적대감, 위압감, 불안감을 기준으로 의사를 평가하게 한 결과만으로 어떤 의사가 소송을 당할지, 소송을 당하지 않을지를 정확하게 예측할 수 있었습니다. 말콤 글래드웰은 자신의 저서 『블링크』에서 "의료 과실이라고 하면 지극히 복잡하고 다차원적인 문제처럼 들릴지 모르지만 결국은 환자에 대한 존중의 문제로 귀결되게 마련"이라고 했습니다. 의사뿐이겠습니까? 창구에서 늘 친절하게 대해 주던 직원이 실수했을 때와 그렇지 않은 직원이 실수했을 때 고객은 어떤 반응을 보일까요? 평소 직원을 존중해 주던 상사가 화를 냈을 때와 직원들을 무시하는 발언을 일삼던 상사가 화를 냈을 때 직원들은 어떤 반응을 보일까요? 그러고 보니 '존중'은 스스로를 보호하는 강한 힘이기도 합니다.

대한민국은 '고소·고발 공화국'이라는 말을 자주 듣습니다. 연간 50만 건 정도의 고소·고발이 접수되는데, 이 중 기소 비율은 20%라고 합니다. 80%가 무고(誣告)라는 얘기입니다. 쓸모없는 곳에 우리의 자원을 너무 낭비하는 것 같아 안타깝습니다. 서로 '존중'하는 문화가 확산되면 고소·고발도 상당수 줄어들 수 있지 않을까요?

## 존중, 가성비 최고의 투자

무례함으로 인하여 발생하는 비용은 소송 문제뿐 아니라 기업 경영에 많은 문제를 야기하고 있습니다. 조사 전문기관 시로타 서베이 인텔리전스 Sirota Survey Intelligence의 설문조사에 의하면 '회사가 나를 무시한다'라고 생각하는 직원이 회사를 떠날 확률이 '정당한 대우를 받고 있다'라고 느끼는 직원보다 세 배나 높다고 합니다. 이처럼 무례함은 어렵게 확보한 인재들이 이탈하는 결과를 가져올 뿐 아니라 몰입도 저하, 업무 실수 유발, 불만 고객 증가, 성과 저하, 창의성 저하, 정보 공유 실패, 협력 부재, 무열정, 직원 간 불화 초래, 조직 분위기 저하 등 여러 가지 면에서 심각한 낭비를 가져온다고 합니다.

재무·회계 전문가 헤드헌팅 글로벌 기업인 어카운템스 Accountemps의 조사에 의하면 포춘 1000대 기업의 관리자들은 구성원들 사이의 불화를 해결하고 무례함의 후유증을 해결하는 데 근무 시간의 13%를 쓰고 있다고 합니다. 경제학자이자 빅데이터 과학자인 딜런 마이너 Dylan Minor와 마이클 하우스먼 Michael Housman에 따르면 상위 1%에 속하는 슈퍼스타 직원 한 사람이 조직의 연간이익률을 높이는 것에 비하여, 해로운 직원 한 사람이 매년 야기하는 비용은 2.4배 정도라고 합니다. 직원들을 존중했을 때 얻을 수 있는 혜택들은 앞에서 열거한 것뿐 아니라 개인과 조직 차원에서 돈으로 환산할 수 없을 만큼 다양한 유익을 가져다줍니다. 직원을 존중하는 데는 그다지 많은 비용이 드는 것도 아닙니다. 더군다나 존중의 총량은 제한이 없습니다. 이러니 존중 만한 가성비 투자는 없을 것입니다.

# 존중 없는
# 소통은 쇼다

## 소통은 쇼가 아니다

'청바지 입은 꼰대만 가득'

　한 언론사가 대한상공회의소와 맥킨지 컨설팅McKinsey & Company이 발표한 '한국 기업의 기업문화와 조직건강도'에 대한 진단 결과를 보도한 기사의 제목입니다.

　'청바지 입은 꼰대'라는 말은 한국 기업들의 소통의 현주소를 상징적으로 보여주는 것 같습니다. 2000년 이후 많은 기업이 호칭을 파괴하고 복장을 자율화하는 등 수평적 조직 문화를 만들기 위해 노력했습니다.

CEO들도 스티브 잡스처럼 각종 행사에 청바지와 터틀넥을 입고 헤드셋을 쓰고 나와 스피치하는 등 나름 형식적이고 권위적인 모습을 탈피하려는 모습을 보였습니다. 하지만 직장인 10명 중 9명은 여전히 후진적인 문화가 개선되지 않고 있고, 비효율과 소통 부족이 심각하다고 합니다. 그 이유가 무엇일까요? 존중 없이 소통하는 척, 소통 쇼를 했기 때문입니다.

## 무엇이 세대 간 소통을 방해하는가

최근 세대 간 소통에 대한 관심이 높아지고 있습니다. 효과적인 소통을 위해 몇 가지 유의할 사항을 살펴봅니다.

### 첫째, 소통의 책임을 어느 한 세대에게만 돌린다.

한 회사의 팀장이 존중에 관한 교육을 듣고 "요즘 팀장 해 먹기 참 힘듭니다"라고 말했습니다. 팀장에게는 직원을 존중하라고 하면서 직원들에게는 왜 팀장을 존중하라는 교육을 안 하느냐는 것이었습니다. 듣고 보니 그 말이 이해가 됐습니다. 물론 소통의 1차적 책임은 경영자 혹은 관리자에게 있습니다. 그렇다고 모든 책임을 관리자에게 지우는 것은 바람직하지 않습니다. 관리자가 직원들을 존중해야 하는 것처럼 직원들도 관리자를 존중해야 합니다. 교육도 직급별로 모아 진행하는 계층별 교육보다는 다양한 세대가 어울려 함께해야 합니다. 팀장을 모아 놓고 강의하면 '요즘 것들은…'이라고 하고 '요즘 것들(신세대)'을 모아 놓고 강의하면 '옛날 것들(관리자 혹은 선배 세대)은…' 하며 서로를 탓합니다. 지금까지 경험상 직급의 경계를 허물고 골고루 섞인 교육에서 소통에 대한 교육의 효과가 월등히 좋았습니다.

## 둘째, '꼰대'와 같은 부정적인 단어를 사용한다.

요즘 꼰대라는 말이 유행입니다. 꼰대론은 긍정적인 면과 부정적인 면을 동시에 내포하고 있습니다. 사실 꼰대의 특징들은 전혀 새로운 것이 아닙니다. 오래전부터 이렇게 하면 안 된다고 배워온 내용들입니다. 꼰대론은 변화가 더디기만 한 선배 세대들에게 자성과 변화를 촉진하는 계기를 마련해 주었다는 점에서 긍정적입니다.

하지만 꼰대라는 말이 불편한 것은 왜일까요? 일단 어감이 좋지 않습니다. 제가 학교 다닐 때 좀 껄렁껄렁하던 친구들이 자기 아버지를 비하하는 의미로 썼던 말인데, 이제 사회 전반에 유행어가 되어버렸습니다. 꼰대라는 말에서 선배 세대에 대한 부정적 낙인찍기와 경멸, 비아냥 그리고 책임회피의 느낌을 지울 수 없습니다.

어쩌면 상사나 부모가 잘되라고 하는 얘기를 듣기 싫으니 꼰대라는 딱지를 붙여 놓고 듣지 않으려는 것일지 모릅니다. 꼰대라는 말은 선배 세대는 배울 것, 들을 것이 없고, 발전의 장애물이 되는 존재라는 의미로도 들립니다. 그렇다면 상사나 부모님을 꼰대라고 하면서 그분들의 말을 듣지 않으려는 사람 또한 꼰대 아닐까요? 갖가지 유형의 꼰대 진단 테스트와 꼰대 유형론이 넘쳐납니다. 무려 40여 개의 꼰대 유형을 분류한 분도 있어 그 노력이 가상하다는 생각을 했습니다. 이쯤 되면 '전 국민의 꼰대화'입니다. '꼰대'가 되지 말자는 것이 자칫 불통을 더 심화시키는 것은 아닌지 모르겠습니다. 꼰대라는 단어만 사용하지 않아도 소통이 더 잘될 것 같습니다.

**셋째, 세대에 대한 고정관념을 갖는다.**

서지영 팀장(가명)은 인턴십을 마치고 떠나는 직원에 관한 사연을 페이스북에 올렸습니다. 그 직원은 얼마나 일을 잘하는지 꼭 채용했으면 했는데, 회사에 채용 계획이 없어 불가피하게 그냥 보내야 했습니다.

마지막 날 그 직원은 그동안 고마웠다며 팀원들에게 인사를 다니면서 카드를 나누어 주었습니다. 그 카드에는 다음과 같은 내용이 적혀 있었습니다.

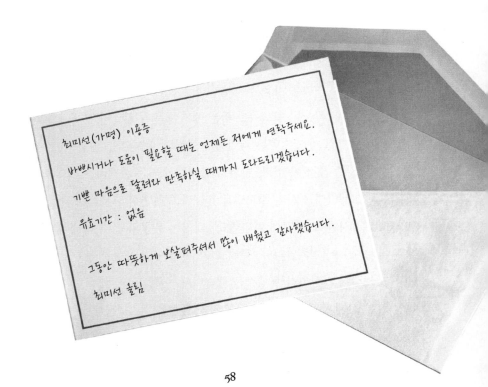

최미선(가명) 이용증

바쁘시거나 도움이 필요하실 때는 언제든 저에게 연락주세요.

기쁜 마음으로 달려와 만족하실 때까지 도와드리겠습니다.

유효기간 : 없음

그동안 따뜻하게 보살펴주셔서 많이 배웠고 감사했습니다.

최미선 올림

서 팀장은 "요즘 사람들은 자신만 아는 이기주의자들이 많다고 생각했는데, 나보다 훨씬 훌륭한 젊은이를 만났다"고 하며 미안하고 고마웠다고 했습니다.

우리는 알게 모르게 세대에 대한 고정관념을 가지고 있습니다. 예를 들어 선배 세대들은 신세대를 향해 '이기적이고 버릇이 없다'고 하고 MZ세대들은 선배 세대를 향해 '변화를 거부하고 권위적이다'라고 합니다. 그런데 이런 말들이 사실일까요?

이런 말이 사실인 것을 증명하려면 객관적인 증거가 있는지(타당성), 논리적 비약은 없는지(논리성), 이 논의가 유용한지(유용성)를 살펴보아야 할 것입니다. 그런데 이런 주장의 대부분은 개인적으로 경험한 것을 일반화한 경우여서 타당하지도 않고 논리적 비약이 많아 유용하지 않은 경우가 많습니다.

미국의 경영 컨설턴트이자 작가인 로버트 골드파브Robert Goldfarb는 "지금까지 이렇게 심하게 무시당하는 세대는 없었다. 많은 CEO가 밀레니얼 세대는 게으르고 직업의식도 부족한 데다, 자녀의 일에 사사건건 참견하는 '헬리콥터 부모'로 인해 망가질 대로 망가졌다고 불평한다. 하지만 내 경험에 비춰 볼 때 이런 선입견은 근거가 없을 뿐 아니라 지나치게 가혹한 것이다"라며 세대에 관한 고정관념을 버릴 것을 주장합니다. 고정관념은 소통에 백해무익하기 때문입니다.

## 존중, 소통의 키

세대공감 소통론을 언급하는 책들이나 주장마다 출생연도별로 세대를 구분하여 세대별 특징을 정리한 내용이 넘쳐납니다. 유형을 구분하는 것은 학습과 연구의 관점에서는 매우 유용하지만, 자칫 세대에 대한 고정관념을 갖게 할 우려가 있습니다. 인간은 그렇게 몇 가지 특성으로 일반화하여 설명할 수 없는 존재입니다. 순간순간마다 다른 것이 사람이기 때문입니다. 지금 내가 만나고 있는 사람은 어제의 그 사람이 아닌 경우가 많습니다. 소통이란 지금 내 앞에 있는 그 사람의 현재 감정과 필요, 생각을 인정하고 귀하게 여기며 대할 때 일어납니다. 즉, 존중 없이는 소통이 일어날 수 없습니다. 존중의 영어 표현인 respect는 다시re라는 뜻과 보다see, 즉 '다시 본다'는 의미가 있습니다. 세대에 대한 고정관념이나 부정적 편견을 버리고 다시 볼 때 세대 간 소통이 가능할 것입니다.

MZ세대는 역사상 가장 많은 교육을 받았을 뿐 아니라 디지털 기술 활용에 능합니다. 외국어 능력과 다양한 경험으로 신기술과 신지식에 대한 적응력도 높습니다. 기성세대와 다른 점이 바로 혁신의 원천이기도 합니다. 신세대를 부정적으로 표현할 때 흔히 '싸가지가 없다'고 합니다. 그들이 말하는 싸가지가 무엇일까요? '저는 생각이 다릅니다', '그건 안 됩니다'라고 말할 수 있는 용기와 솔직함, 패기 아닐까요? '싸가지 없음'은 어쩌면 혁신의 원천일 수 있습니다. '싸가지'는 있지만 시키는 대로만, 상사가 좋아하는 일만 하는 직원이라면 회사는커녕 자신도 지켜내기 어려울 것입니다.

선배 세대는 지혜의 보고입니다. 지식이 많다고 지혜가 저절로 생기지 않습니다. 지혜는 생활이 있어야 생깁니다. 성공과 실패를 통해 배우고 축적한 결과가 바로 지혜입니다. 아프리카 격언 중에 '노인 한 사람을 잃는 것은 도서관 한 개를 잃은 것과 같다'는 말은 바로 그러한 점을 설파한 것입니다.

나이 들었다고 티 낼 것도 아니지만, 나이 들었다고 무시하거나 배제하는 것도 어리석은 일입니다. 지혜로운 사람은 모든 사람에게 배웁니다. 존중하면 나이와 상관없이 모든 사람은 통하게 되어 있습니다.

소통의 키는 존중입니다.

# 무엇이 교육을
# 살리는가

## 원 케어링 어덜트(one caring adult)의 힘

하버드대 교육대학원 교수이자 매사추세츠 종합병원 다문화 정신건강 센터 교수로 미국과 한국을 오가며 많은 교사와 부모들에게 교육과 관련하여 영감을 불러일으키고 있는 조세핀 김Josephine Kim은 8세 때 미국에 이민을 갔습니다. 영어를 한마디도 못 하던 그녀는 첫 학기에 F 학점을 받고 좌절하여 '나는 희망이 없는 망한 아이'라고 체념해 버렸습니다. 그런데 4학년이 되어 그녀를 변화시킨 선생님을 만났습니다.

선생님은 그녀를 동양에서 온 특별한 아이가 아니라 평범한 '한 아이'로 보고 내면의 가능성에 주목했습니다. 선생님은 시간과 노력, 관심과 에너지를 투자하여 쉬는 시간마다 영한사전과 온갖 그림들을 가져다가 영어를 가르쳐 주었습니다.

하루는 30분 정도 낱말 퀴즈 10문제를 풀게 한 다음 다 풀고 나자 낱말 퀴즈 책 맨 위에 큰 글씨로 '100'과 'Wonderful'을 써놓고 정말 기쁜 표정으로 환한 미소를 지으며 조세핀을 바라보았습니다. '마치 어둠을 뚫고 들어오는 빛 같은 힘을 가진 미소'라고 조세핀은 기억합니다. 뭐라 설명할 수 없는 여러 감정들이 순식간에 몰려왔습니다. 이후 그녀는 6개월 만에 영어를 마스터하고 수업 시간에 손을 번쩍번쩍 드는 적극적인 아이로 변했습니다.

교육학에서는 조세핀의 선생님처럼 아이를 진심으로 돌봐주는 한 명의 어른을 '원 케어링 어덜트one caring adult'라고 합니다. 그녀는 "상황과 관계없이 아이를 진심으로 돌봐주는 단 한 명의 어른만 있으면 그 아이는 변한다"고 말합니다. 그녀는 교육 시스템이 불비하고 학부모가 엉망이어도 교사가 '원 케어링 어덜트'가 되어주겠다고 결심하고 아이를 희망의 눈으로 바라볼 때 그 아이는 엄청난 일을 하게 된다는 것입니다.

후에 조세핀은 4학년 때 '원 케어링 어덜트'가 되어주셨던 선생님과 연락이 닿았습니다. 놀랍게도 선생님은 "지난 35년간 새벽 4시 30분에 일어나 집안 환경이 안 좋은 아이들과 부모가 없는 아이 등을 위해 한 명 한 명 이름을 불러가며 기도하고 있었다"고 합니다. 얼마나 제자들을 사랑하고 존중했는지를 알 수 있는 대목입니다.

요즘 붕괴된 교육을 살려야 한다는 목소리가 높아지고 있습니다. 각종 지원책을 강구하는 것보다 더 근본적인 것은 아이들을 믿고 기다려주고, 관심을 갖고 보살펴주는 '원 케어링 어덜트'가 되겠다고 결심하는 교사와 부모, 어른들일 것입니다.

## 무엇이 학교를 바꾸는가

졸업식장에서 학생들이 교장 선생님의 품에 안겨 너무 많이 울어서 "얘들아, 이제 그만 울어야겠다"라며 진정을 시킨 후 졸업식을 다시 진행하고, 졸업생들은 중학교는 왜 3년이어야 하느냐며 졸업하는 것을 아쉬워하는 학교가 있다면 믿으시겠습니까? 그런데 실제로 이런 학교가 있었습니다. 경기도 고양시의 덕양중학교입니다.

이 학교의 변화를 이끈 주인공 중 한 분은 이준원 교장 선생님입니다. 이 교장은 학생의 존재 자체를 인정하지 않고 성적과 외모로 학생을 평가하는 학교 교육에는 희망이 없다고 생각하여 자녀들을 모두 대안학교에 보낼 정도로 공교육에 회의적이었던 분입니다. 그래서 덕양중학교에 부임하면서 다음과 같이 맹세했습니다.

'감시하고, 억압하고, 질책하고, 자신의 잣대나 틀 안에 들어왔느냐 아니냐 하는 걸로 잔소리해서는 사람이 바뀌지 않는다. 엄격한 경계 세우기는 하되 교사와 학부모뿐 아니라 아이에 대해 한 명 한 명의 존재 자체를, 인간의 존엄을 존중하자. 교장 대 학생이 아니라 인간 대 인간으로 따뜻한 마음을 주고받자. 말이 아니라 행위로 사람을 변화시키는 것을 보여주자.'

그리고 그 결심을 지켰습니다. 학생들의 내면 치료에 관심을 갖고 이야기를 들어주다 보니 자유롭게 교장실과 교무실을 찾아와 고민이나 집안 사정 등을 이야기하기 시작했습니다.

이 교장은 내면 치료 과정을 통해 '중학생들은 아직 덜 익고 떫은맛을 내는 땡감과 같은 존재인데, 그 시기의 아이에게 달콤한 홍시이기를 기대하는 어른들이 잘못'이라는 결론에 이르렀습니다. 그는 언론과의 인터뷰에서 "땡감이 하루아침에 홍시가 되는 것이 아니라 주변 어른들이 기다려주고 존중해 주고 공감해 주고 때로는 엄격히 훈계해 주면서 그 시기를 잘 견뎌야 하는데, 대한민국은 그들을 존중하고 공감해 주어야 할 인간이나 교육의 주체로 봐주지 않고 그냥 가르쳐서 버르장머리를 고치려 하죠. 그러니까 더 튀는 거예요. 싸움이 일어나고요. 그래서 저는 선생님들과 부모님들께 계속 강조했어요. 먼저 좋은 관계를 만들어야 아이의 행동이 변하는 겁니다, 심한 갈등 상황을 만들어놓은 상태에서 배움이 일어나고 아이가 성장하고 변화하기를 기대하는 것은 무리라고요. 아이의 인격을 존중하고 인간의 존엄을 지켜주면서 좋은 관계를 만든 다음에 교육을 해야 해요."라고 말했습니다.

그렇다고 아이들에게 무턱대고 잘해 주기만 한 것도 아니었습니다. 존중하고 경청하되 경계 세우기를 분명하게 했습니다. 아이들이 잘못했을 때는 교장실에 불러 단호하게 꾸짖되 결정적인 순간에 한 번에 꾸짖기 위해 사소한 것은 그냥 넘어갔습니다. 그리고 학생의 과거나 인격을 건드리지 않고 해당 문제만 언급했습니다. 흡연하는 학생이 있다는 얘기를 듣고 교장실에 불러 "넌 아직 어리고 성장기인데 깨끗한 폐 속에 담배 연기가 들어간다고 생각하면 교장 선생님 마음이 찢어지게 아파" 하고 꾸짖으면서 "담배 끊을래, 교장 선생님과 관계를 끊을래? 관계를 끊는다는 건 이 학교를 떠나야 한다는 거야"라고 했더니 담배를 끊겠다고 해서 매일 점심시간마다 생수 한 통을 같이 마셨던 적도 있습니다.

이런 노력이 이어지자 학생들은 선생님이 자신들을 정말 사랑한다는 믿음이 생겼고, 행동에 하나둘 변화가 나타나기 시작했습니다. 그러자 관계는 물론 학업에 대한 태도까지 달라져 학업성취도 평가가 일취월장하는 성과를 기록하기도 했습니다.

이준원 교장은 "아이들과 좋은 관계가 형성되지 않은 상태에서 꾸짖어서는 교육이 안 된다"라고 말합니다. 그걸 잘 조정해야 하는데, 선생님이나 부모님들이 한쪽으로 치우친다고 하면서 "사랑이란 이름으로 방치하든가 교육이란 이름으로 너무 훈계하고 잔소리한다"고 지적합니다. 여러분은 어느 쪽이십니까?

존중을 경험하지 못하는 공부가 어떤 결과를 초래할지 생각만 해도 아찔합니다. 어쩌면 우리는 지금 그것을 날마다 목격하고 있는지 모릅니다.

이준원 교장 선생님과 학생, 교사, 학부모들이 덕양중학교에서 보여준 '존중과 협력'의 모델은 꺼져가는 대한민국의 교육에 큰 이정표가 되었습니다.

## 마지막 수업

미 캘리포니아주 오렌지 카운티에 있는 채프먼대학교의 브라운 교수는 은퇴를 앞두고 마지막 강의를 했습니다. 코로나로 학생들을 만나지 못하고 비대면으로 수업을 하고 있었는데, 그날은 수업 시간이 다 되었지만 어쩐 일인지 학생들의 카메라가 모두 꺼져 있었습니다.

브라운 교수는 몹시 당황해하면서 "카메라를 켜지 않는 것이 요즘 쿨한 유행인가요?" "카메라가 꺼진 것이 내가 잘못해서인가요?"라고 물었습니다.

그때 한 학생이 "저희들이 뭔가 하고 싶은 일이 있습니다"라고 하자 나머지 학생들은 일제히 비디오를 켜는 동시에 매직으로 뭔가를 적은 큰 종이를 들어 보였습니다. 그곳에는 "브라운 교수님 이번 학기는 정말 위대했습니다. 감사합니다" "교수님 매일 변화를 만들어 주셔서 감사합니다"와 같은 글들이 적혀 있었습니다.

브라운 교수는 학생들의 서프라이즈에 감동하여 "여러분들이 나를 울리는군요"라고 말하며 눈가에 흐른 눈물을 닦은 후 "고맙습니다"라고 답을 했습니다.

로렌 허를lauren Herrle이라는 학생이 이 장면을 촬영하여 틱톡에 올린 영상은 전 세계에 알려지면서 조회 수가 수십만이 넘었습니다. 영상을 올린 허를은 "브라운 교수님은 아주 좋은 기운을 가지고 수업에 임하십니다. 항상 콧노래를 부르며 수업 내내 우리에게 말씀을 하십니다. 우리의 하루가 어땠는지 물어보고, 모두가 괜찮은지 확인하는 선생님이십니다"라고 말했습니다.

평소 학생들에게 진심으로 관심을 갖고 사랑해 주었던, 그리고 돌발상황에서 문제의 원인을 학생들에게서 찾지 않고 자신에게서 먼저 찾으려 한 친절한 교수님의 마지막 수업을 보람있게 마칠 수 있도록 감사를 표현한 학생들이 기특하고 아름답습니다.

요즘 교육 붕괴를 걱정하는 목소리들이 많아졌습니다. 이는 우리나라만의 문제가 아닌가 봅니다. 미국의 방송 진행자 겸 기자로 유명한 데보라 노빌Deborah Norville은 자신의 저서 『RESPECT』에서 미국의 교육 붕괴를 염려하며 다음과 같이 말했습니다.

"세상으로부터 존중받지 못하는 교사가 과연 학생들에게 '남을 존중해야 존중받을 수 있다'고 가르칠 수 있을까? 부모에게서 '세금이나 축내는 탁아소 직원' 취급을 받는 교사가 미국의 미래를 이끌어가야 할 아이들에게 '다양함이 공존하는 위대한 나라를 만들자'고 이야기할 수 있을까? 우리가 선생님들을 이토록 폄하하고 무시하면서 말이다. 미국의 교육이 지금처럼 뿌리째 흔들리는 데는 존중의 실종이라는 근본 원인이 작용하고 있다."

미국을 대한민국으로 대체해도 전혀 어색하지 않을 것 같습니다. 교육을 살리는 책임이 교사에게만 있을 수는 없습니다. 채프먼대학교 학생들이 보여준 것처럼 학생은 교사를 존경하고 교사는 학생을 존중하는 아름다운 관계를 회복할 때 참 교육이 가능할 것입니다. 한때 오바마 전 미국 대통령이 한국의 교육을 부러워하면서 한국에서는 교사들이 존경받고 있다고 했다지요. 아직 우리에게 그러한 면이 남아 있다는 증거일 것입니다. 교육 현장에서 꺼져가는 존중의 불씨가 살아나기를 바랍니다.

# 존중이란
# 무엇인가

존중(尊重)이란 '높을 존(尊)'과 '무거울 중(重)'을 합한 단어입니다. 상대방을 높여 가볍게 여기지 않는다는 의미이겠지요. 혹자는 남을 높여주기 위해 나를 낮추는 것이 존중이라고 하지만, 이 책에서는 존중이란 '타인을 귀하게 여기는 마음을 말과 행동으로 표현하는 것'으로 정의합니다. 존중이란 타인을 귀하게 여기는 마음에서 시작하여 말과 행동으로 나타납니다.

"우리는 정직하고 품위 있고 동지애를 가져야 한다"

성직자나 꽤 존경받는 품격 있는 리더의 말로 들릴 법합니다. 그런데 이 말은 나치 친위대(SS)와 게슈타포를 지휘했던 하인리히 루이트폴트 힘러Heinrich Luitpold Himmler가 한 말입니다. 그는 친위대원들에게 '품위'를 강조하면서 유대인이 품위를 오염시킨다며 나치 강제수용소와 특수작전

집단을 창설하여 약 1,000만 명의 학살을 주도한 최고책임자였습니다. 생체실험 등 끔찍한 범죄행위를 주도하여 히틀러보다 더 악명이 높았다고 하는데, 평소에는 부하들에게 품위를 강조하였다고 하니, 그가 말한 품위는 도대체 무엇이었는지 모르겠습니다.

경희대 경영대학원 이동규 교수는 "고개를 숙인다고 겸손이 아니다. 겸손은 고개의 각도가 아니라 마음의 각도다"라며 '마음이 없는 겸손은 겸손이 아님'을 강조했습니다. 마음이 없이 일시적으로 친절하게 보일 수는 있습니다. 하지만 마음이 없는 친절한 언행은 생색내기와 겉치레에 불과할 뿐이어서 장기적으로 한계를 드러내게 되어 있습니다. 그렇다고 마음으로만 존중이 완성되지는 않습니다. 존중이란 소극적인 감성이 아니라 적극적 행동입니다. 그 마음을 표현해야 합니다. 귀하게 여기는 마음을 갖고 있지만 그것을 적극적으로 말과 행동으로 표현하지 않는다면, 그것은 아름다운 포장지에 선물을 포장하고 전해 주지 않는 것과 마찬가지이기 때문입니다.

## 존중은 '주고받는' 것이 아니라 '되는' 것

존중은 주는 사람이나 받는 사람이나 모두 기쁘다는 면에서 선물과 같습니다. 선물에 대해 이야기할 때면 '주는 것이 좋다' 혹은 '받는 것이 좋다'는 식의 주장들이 있습니다. 그런데 김소연 시인은 산문집 『나를 뺀 세상의 전부』에서 선물에 대한 새로운 시각을 제시합니다.

시인은 "선물은 주거나 받는 것이라기보다는 되는 것이라고 말해 보고 싶다"라며 "선물이 되는 표정, 선물이 되는 사람이 선물이 되는 말과 함께 선물이 되는 표정을 지으며 자그마하고 사소한 선물 하나를 건넸을 때 그것은 선물이 되는 시간이자 선물이 되는 사건이다"라고 표현합니다. 시인의 통찰에 공감하면서 존중도 마찬가지라는 생각을 했습니다. 존중이 되는 사람이 존중이 되는 말과 행동으로 상대방을 대했을 때 그것은 존중이 되는 시간이자 존중이 되는 사건이 될 것입니다.

## 존중이 되는 사람

'존중이 되는 사람'이란 어떤 사람일까요? 저는 '함께하면 즐겁고 행복한 사람'이라고 생각합니다. 그런 사람과 함께하면 더 열심히 일하고 싶고, 더 협력하고 싶고, 내가 보유한 능력 이상으로 기여하고 싶을 것입니다. 그런 사람이 되기 위해서는 다음의 다섯 가지 요소를 갖추어야 합니다.

① 공감적 관심

타인의 입장에서 생각하여 상대가 처한 상황을 올바르게 인식하고 그가 가진 고통이나 문제 해결을 적극 돕는다.

② 옳음보다 친절

옳은 말을 하되 친절함을 유지하여 상대방에게 상처를 주지 않는다.

③ 포용

다양한 생각과 실수를 창조의 원천으로 삼아 학습과 성장의 계기로 활용할 줄 안다.

④ 자유

사람 사이에 존재하는 시간적, 물리적, 심리적 경계를 함부로 침해하지 않고 상대의 고유성을 인정하여 자유롭게 선택하고 책임질 수 있도록 도움을 준다.

⑤ 성숙한 감정통제

화가 나거나 위기의 상황에서 성숙하게 감정을 통제하여 존중의 효과가 반감되거나 사라지는 일이 없도록 한다.

본서에서는 이 다섯 가지 키워드를 토대로 내용을 구성했습니다.

## 존중이 되는 말과 행동

그렇다면 존중이 되는 말과 행동은 무엇일까요?

존중이 되는 말과 행동이란 흔히 황금률(黃金律)이라고 알려진, 예수님이 하신 말씀 중에서 "남에게 대접을 받고자 하는 대로 너희도 남을 대접하라"와 공자님이 말씀하신 "내가 원하지 않는 바를 남에게 행하지 말라(己所不欲 勿施於人)" 이것만큼 존중이 되는 말과 행동을 정확하게 표현한 것은 없을 것 같습니다. 예수님은 긍정문의 형태로, 공자님은 부정문의 형태로 표현했지만 본질은 동일한 것입니다.

존중이라고 하면 '사람마다 다르다'라는 말을 많이 듣고 말할 것입니다. 물론 사람은 저마다 고유성을 가지고 있어 모두 다릅니다. 그렇다고 다르기만 할까요? 실은 유사점이 훨씬 더 많지 않을까요? 대부분의 사람들이 눈이 두 개고 입은 하나인 것처럼 외모는 다를 수 있어도 외모를 구성하는 요소들은 거의 동일합니다. 또한 칭찬을 받으면 기분이 좋고 비난을 받으면 기분이 좋지 않습니다. 그러니 '내가 말을 할 때 상대방이 끝까지 들어주기를 원하는 것처럼 나도 타인의 말을 끝까지 들어주는 것, 그것이 바로 존중의 말과 행동입니다. '내가 비난받기를 원하지 않는 것처럼 누군가를 비난하지 않겠다' 이렇게 결심하고 실천한다면 그것이 바로 상대방을 귀하게 여기는 말과 행동이 될 것입니다.

내가 하는 말에 비록 동의가 안 되더라도 그가 나에게 _____해주기를 바란다.

내가 잘못했을 때 그가 나에게 _____ 해주기를 바란다.

내가 반대의견을 말하더라도 그가 나에게 _____해주기를 바란다.

내가 힘이 들 때 그가 나에게 _____해주기를 바란다.

내가 일을 잘 끝냈을 때 그가 나에게 _____해주기를 바란다.

나의 현재 모습을 그가 _____해주기를 바란다.

내가 하는 일에 대하여 그가 _____해주기를 바란다.

　빈칸에 적은 대로 말하고 행동한다면 그것이 바로 존중이 되는 말과 행동이 될 것입니다. 황금률을 생각만 해도 존중의 수준은 저절로 높아질 것입니다.

---

**2**

---

# 존중은 관심에서 출발한다

### 존중의 표현

# 아는 만큼
# 존중할 수 있다

## 우리는 엄마를 얼마나 알고 있을까

미국의 한 대학교에서 졸업을 앞두고 마지막으로 치러진 시험에서 학생들 중 일부가 이걸 문제라고 냈느냐며 투덜거리기 시작했습니다.

마지막 문제가 '우리 강의실을 청소하는 환경미화원의 이름을 적으시오'였기 때문이었습니다. 미화원의 이름을 알 리가 없는 학생들의 입장에서는 당연한 반응이었는지 모릅니다.

이때 한 학생이 손을 들고 질문했습니다.

"교수님, 마지막 문제는 혹시 장난으로 내신 것 아닌가요?"

그러자 다른 친구도 거들며 질문했습니다.

"이 문제도 점수에 들어가는 겁니까?"

그때 교수는 "물론이지"라고 대답한 후 다음과 같이 이 문제를 출제한 이유를 설명했습니다.

"여러분들이 졸업해서 사회에 나가면 많은 사람들을 만나게 될 것입니다. 여러분들이 어떤 일을 하든 모든 사람을 똑같이 존중해야 합니다. 매일 마주치는 사람들이라면 더욱 그렇습니다. 내가 여러분들에게 마지막으로 가르치고 싶은 가장 중요한 교훈이 바로 이것입니다."

환경미화원은커녕 가까이에 있는 직장 동료나 친구 그리고 가족에 대하여 우리는 얼마나 알고 있을까요?

극작가이자 연출가인 오세혁 씨는 환갑을 앞둔 엄마가 결혼식을 하던 날, 결혼식장으로 향하는 버스 안에서 엄마의 지인들로부터 엄마의 거의 전 생애에 관한 이야기를 알게 되었다고 하면서 "모자지간으로 살아온 지 몇십 년이 되었지만 나는 그 몇 시간을 감당할 만큼 엄마를 알지 못했다"고 했습니다.

우리는 가족이기 때문에 다 알고 있다고 착각하고 살아가는지 모릅니다. 여러분은 어머니를, 아버지를, 아들과 딸을, 친구를 얼마나 알고 계신가요?

한 기업의 팀장들을 대상으로 팀원들 이름을 적고 다음 질문에 답해 보라고 했습니다.

• 직원 자녀의 이름은?

- 그가 이룬 성과(성취) 중 가장 보람을 느끼는 것은?
- 좋아하는 음식은?
- 싫어하는 음식은?
- 가장 싫어하는 말이나 행동은?
- 그의 취미는?
- 지금 그가 가장 필요로 하는 도움은 무엇인가?

그날 교육에 참여한 대다수의 팀장들은 제대로 적지 못했습니다. 여러분들은 어떻습니까? 우리는 타인을 안다고 하지만, 얼마나 알고 있을까요?

가까운 사이라도 저절로 알 수는 없습니다. 알기 위해 노력해야만 알 수 있습니다. '나는 다 알고 있다'라는 근거 없는 확신을 버리고 타인에 대하여 관심을 가져야겠습니다.

## 아는 만큼 성공한다

대학에 갓 입학한 이웃 청년에게 입학을 축하한다고 말한 후 "전공이 뭐죠?"라고 물었습니다. 몇 달 후 그 학생을 또 만났을 때 학교생활을 잘하는지 물은 다음 "전공이 뭐죠?"라고 똑같은 질문을 했습니다. 그 학생은 저에게 "지난번에 질문하셨잖아요?"라고 대답했습니다. 저는 몹시 미안하고 부끄러웠습니다. 정말 궁금해서 질문했다기보다는 그냥 의례적으로, 지나가는 말로 물었던 것이었습니다. 별 관심 없이 습관적으로 질문을 던지는 버릇이 제 안에 있다는 뼈아픈 반성을 하는 계기가 되었습니다.

비즈니스에 성공한 분들을 관찰해 보면 타인을 제대로 알기 위해 남다른 노력을 기울이는 분들이 많았습니다. 세계에서 가장 많은 카페를 보유한 이디야커피의 문창수 회장은 자신을 성공으로 이끈 비결은 일명 '메모노트'라고 합니다. 그는 만나는 사람들마다 '메모노트'에 상대방에 관한 여러 가지 정보를 메모해 둡니다. 노트에는 회식 자리에 빠진 사람이 아내 생일 때문에 못 왔다는 이야기를 들으면 그 사람 칸에 '부인 생일'이라고 적고 빨간 펜으로 표시를 해놓은 다음, 다음 해에 그날이 되면 부인의 생일을 축하하는 카드를 보내주었던 이야기도 적혀 있습니다. 또한 대화 중에 "내 아들 영식이가⋯⋯"라는 말을 들으면 '아들 이름 영식'이라고 적어놓고 다음에 대화할 때는 "영식이는⋯⋯" 하며 아들 이름을 불러줍니다. 상대방이 얼마나 감동했을지 상상이 됩니다. 문 회장은 이렇게 구축한 인맥의 도움 덕분에 성공할 수 있었다고 합니다. 저 친구가 나를 돕지 않는다고 섭섭해하기보다 나는 그 친구에게 얼마나 관심을 갖고 도움을 주려고 노력했는지, 즉 얼마나 존중했는지 살피는 것이 먼저일 것입니다.

# 돈이 아니라
# 관심을

## 문제의 '배후'는 바로 무관심

사건 사고를 보도할 때 언론은 종종 '무관심이 부른 참사(慘事)'라는 표현을 씁니다. 무관심은 인간관계와 비즈니스 성과에도 참사를 초래할 때가 많습니다.

갤럽은 무작위로 선정한 미국 근로자 1003명에게 상사로부터 칭찬과 같은 긍정적인 피드백을 받은 직원과, 지적이나 질책과 같은 부정적 피드백을 받은 직원 중 어느 쪽이 업무 몰입도가 높은지를 조사했습니다. 예상했던 대로 긍정적인 피드백을 받은 직원들이 몰입도와 성과에서 더 좋은 결과를 보였습니다. 그런데 응답한 직원들 중에는 긍정적이든 부정적이든 피드백을 전혀 받지 못하는 직원들, 즉 무관심의 대상이 있었습니다. 놀랍게도 무관심한 상사와 일하는 직원들의 98%는 업무에 몰입하지 못하고 있었고, 성과는 40배나 더 낮았습니다. 상사의 무관심이 부하의 능력을 고갈시키고 조직의 성과에 치명적인 결과를 가져오고 있었던 것입니다. 지적질하는 상사가 무관심한 상사보다 낫다고 할 수 있습니다.

부부관계도 마찬가지입니다. 부부 상담 전문가들에 의하면 배우자의 무관심은 위기의 징조라고 합니다. 부부 상담 사례 중에는 퇴근 후 무관심한 아내 때문에 집에 들어가기가 싫어졌다는 남편도 있고, 남편이 너무 자신과 가족에게 무관심하여 더 이상 결혼 생활을 지속할 수 없어 이혼을 결심했다는 아내도 늘어나고 있다고 합니다. 청소년 문제, 자살 등 우리 사회의 심각한 문제의 근원을 찾아보면 무관심과 관련이 있습니다.

아우슈비츠 감옥을 체험한 적이 있는 교수 겸 작가로 노벨평화상을 수상한 미국의 엘리 위젤(Elie Wiesel)은 "무관심으로 인해 인간은 실제로 죽기 전에 이미 죽어버린다"고 했습니다. 그는 또한 "사랑의 반대는 증오가 아니라 무관심이다. 교육의 반대는 무지가 아니라 무관심이다. 아름다움의 반대는 추함이 아니라 무관심이다. 삶의 반대는 죽음이 아니라 삶과 죽음에 대한 무관심이다"라는 말로 무관심이야말로 우리가 직면하고 있는 모든 문제의 근원임을 역설하고 있습니다. 이를 뒤집어 보면 우리가 직면하고 있는 많은 문제를 해결하는 열쇠 또한 관심이라는 것을 알 수 있습니다.

## 전과자의 마음을 움직인 한마디

아베 피에르Abbé Pierre는 로마 가톨릭 소속 사제로 2차대전에 참전하여 레지스탕스 활동을 했고 전후에는 국회의원으로 정치를 하기도 한 빈민의 아버지였습니다. 그는 파리 근교 2층짜리 낡은 집을 직접 수리하여 노숙자들을 위한 자립공동체 엠마우스Emmaus를 창설했습니다.

피에르 신부가 엠마우스를 설립하고 얼마 지나지 않았을 때 누군가 자살을 시도하고 있다는 소식을 듣고 달려가 왜 자살하려느냐고 물었습니다. 그는 조르주라는 이름을 가진 전과자였습니다.

조르주는 "어린 시절을 고아원에서 보낸 후 죄를 지어 감옥에서 20년을 보냈습니다. 이제는 아내마저 떠났으니 더 이상 살 이유가 없습니다"라고 대답했습니다. 이때 피에르 신부는 "당신 말을 들어보니 그 마음을 이해하겠습니다. 어차피 죽기로 마음먹었는데 죽기 전에 나를 좀 도와줄 수 있겠소? 내가 지금 빈민들을 위해 집 짓는 일을 하고 있는데 일손이 모자랍니다. 집 짓기가 빨리 끝날 수 있도록 도와줄 수 있겠소? 나는 당신의 도움이 필요하단 말입니다"라고 말했습니다.

조르주는 자기 같은 사람에게 도움을 요청하다니 놀라고 당황스러웠지만 자기가 도울 수 있는 일이 있다니 죽기 전에 한번 도와주자고 마음먹었습니다.

그렇게 조르주는 엠마우스 운동의 첫 번째 가족이 되었습니다. 이후 몇 명의 노숙자가 공동체에 합류하자 피에르 신부는 연이어 천막촌과 판자촌을 건설했습니다.

조르주는 이렇게 고백했습니다. "만약 신부님이 제게 돈을 주었거나 살 집을 지어 주었다면, 저는 다시 자살을 시도했을 겁니다. 하지만 신부님은 아무것도 주지 않으셨습니다. 오히려 제게 도움을 요청하셨습니다. 그래서 신부님과 함께 이웃을 섬기는 일을 하면서 내가 계속 살아가야 할 이유를 발견했습니다. 이제 어떻게 살아야 하는지, 무엇이 행복인지 깨닫게 됐습니다."

조르주는 사망할 때까지 15년간 아베 피에르 신부를 도와 그의 곁을 지켰습니다. 조르주에게는 '도와달라는 말 한마디'가 바로 죽음의 시간을 생명의 시간으로 전환하는 3초의 시간이었습니다.

자살 예방 전문가들에 의하면 자살 충동 3초만 넘기면 '죽자'를 '살자'로 바꿀 수 있다고 합니다. "괜찮니?"라고 말하며 관심을 기울여주기만 해도 상당수의 자살을 막을 수 있다는 것입니다. 이게 자살뿐이겠습니까? 송정림 선생은 "관심이란 나 아닌 타인에게 내 마음 한 자리를 내어주는 것입니다. 내 시간을, 내 삶을 조금 나눠주는 일입니다. 그러므로 관심은 사랑의 첫 단계이자 완성인 셈입니다."라고 말하였습니다. 직장 생활이 힘들어 떠나고 싶은 회사원, 가족과 소통하지 못해 애타는 부모와 자녀들, 학교생활에 적응하지 못하는 청소년들에게 우리 마음의 한 자리만 내주어도 절망에서 희망으로, '자살'에서 '살자'로 바뀌는 일들이 많아질 것입니다. 이들에게 정말 필요한 것은 돈이 아니라 진정한 관심, 존중 아닐까요?

# 진정한 관심은
# 경청으로 표현된다

## 성공과 실패의 결정적 차이

"최고의 반열에 오른 사람들의 능력은 타고난 것이 아니다. 그들은 오랜 시간 공을 들여 참을성 있는 '귀'를 만들었다. 불확실한 세상에서 후회하지 않는 선택을 하는 가장 확실한 방법은 오직 귀 기울여 듣는 것뿐이다."

미국 존스 홉킨스대 경영대학장을 지낸 버나드 페라리Bernard T. Ferrari가 20여 년간 세계 50대 CEO들을 컨설팅하며 깨달은 결론입니다.

애플의 팀 쿡 회장은 귀 기울여 듣는 리더의 전형입니다. 2011년 스티브 잡스가 세상을 떠나고 그가 후계자가 되었을 때 애플의 명성을 유지하기 어려울 것이라고 전망하는 사람들이 있었습니다. 하지만 그가 CEO

로 취임한 7년 뒤인 2018년 애플은 시가총액 1조 달러를 넘기더니 불과 2년 만에 2조 달러를 넘어서는 경이적인 성장을 거듭했습니다.

시장은 '애플을 만든 건 잡스지만, 애플을 키운 건 8할이 팀 쿡'이라며 그의 리더십에 찬사를 보내고 있습니다. 그는 현안이 생기면 조직 내외부의 이해관계자들을 만나 그들의 이야기를 적극적으로 경청하는 것을 원칙으로 삼았습니다. 그가 어떻게 직원들의 말을 경청했는지를 보여주는 글이 있습니다. 애플의 한 영업사원이 자신의 말을 경청해 준 그를 존경하는 마음에서 자신의 블로그에 올린 글입니다.

"그에게 하찮은 질문이란 없었다. 그는 내가 애플에서 가장 중요한 사람인 것처럼 나의 질문에 답했다. 그는 나를 스티브 잡스처럼 대했다. 그의 표정, 목소리 톤 그리고 오랜 침묵이 나를 존중하고 있다는 느낌을 줬다. 그날, 나는 쉽게 대체될 수 있는 직원이 아니라고 생각하게 됐다. 나는 수만 명의 직원 중 가장 중요한 구성원이었다."

팀 쿡이 직원들을 대할 때 차별 없이 온전하게 잘 들어주었음을 알 수 있는 대목입니다.

버진그룹의 창업자인 리처드 브랜슨도 경청하는 경영자로 알려져 있습니다. 브랜슨과 그의 친구들은 사업 초기에 사업에 대하여 아는 것이 없었고, 버진과 같은 회사가 시장에 존재하지 않아 따라갈 모델이 없었습니다. 그러다 보니 질문을 많이 하게 됐고, 도움을 받을 수 있는 사람이라면 누구의 이야기든 경청했습니다. 그리고 들은 내용을 빼곡하게 노트에 기록해 두었습니다. 운전기사와 대화한 내용도 메모해 둘 정도로 만나는 사람들은 누구나 가치 있는 이야기를 갖고 있다고 믿고 묻고 경청했습니다. 덕분에 많은 아이디어를 얻었고 조언을 주려는 사람들이 많았습니다. 나에게 배울 것이 많다고 다가와 내가 하는 말을 진심으로 경청하는 사람을 좋아하지 않을 사람은 없을 것입니다.

　미국의 작가이자 컨설턴트인 스티븐 코비Stephen R. Covey는 "성공하는 사람과 그렇지 못한 사람의 차이를 단 하나만 들라고 한다면, 나는 주저 없이 '경청하는 습관'을 들 것이다"라고 경청을 강조했습니다. 인도 출신의 여성 CEO로 미국에서 유리천장을 깨며 회사 설립 이래 100년 만에 코카콜라를 추월한 펩시코의 인드라 누이 회장 또한 "리더가 되기 위해 할 수 있는 최선은 개방적인 사고방식을 가지고 사람들의 말을 경청하고 배우는 자세를 유지하는 것이다. 400억 달러에서 600억 달러로 성장하는 기업을 어떻게 경영해야 하는지 가르쳐 주는 책은 없다. 책장에서 책 한 권 골라 읽는다고 리더가 되는 것은 아니다. 중요한 것은 남의 말을 귀담아 듣고, 그것을 통해 배우는 것이다"라며 경청이야말로 성공을 위한 가장 중요한 덕목이자 무기임을 역설했습니다. 결국 성공하는 사람은 경청하는 사람인 것입니다.

## 일청자이화자(一聽者二話者)

우리에게는 경청의 좋은 모델이 있습니다. 소리꾼이라 불리는 연창자(演唱者)와 북을 치는 고수(鼓手) 그리고 청중들이 만들어내는 판소리 공연입니다. 판소리에는 일고수이명창(一鼓手二名唱)이라는 말이 있습니다. '고수가 첫째이고 다음이 명창이다'라는 의미입니다. 아무리 명창이라 해도 고수가 잘해야 실력을 발휘할 수 있기 때문입니다. 그만큼 판소리에서는 고수의 역할이 중대합니다. 북을 잘 치는 사람을 명고(明鼓)라고 하는데, 명고는 하루아침에 만들어지는 것이 아니라 오랜 노력과 연륜이 있어야 합니다. 그래서 소년명창이라는 말은 있어도 소년명고라는 말은 없습니다.

　고수는 연창자의 소리를 잘 받아내어 판소리 중 신나는 대목에 이르렀을 때 장단에 맞춰 '얼씨구', '좋다', '잘한다'와 같은 추임새로 흥을 돋우거나 청중들의 추임새까지 유도합니다. 또한 소리꾼의 대화 상대가 되어 질문에 대답하기도 합니다. 소리꾼과 고수, 청중이 어우러진 판소리 한마당에서는 다른 일에 정신을 팔 틈이 없습니다. 모두가 연창자를 중심으로 온전히 집중하여 수동적 구경꾼이 아니라 적극적 참여자가 되기 때

문입니다. 대화에서도 마찬가지입니다. 경청을 잘하려면 고수와 같은 역할을 해야 합니다. 판소리에 일고수이명창이라는 말이 있다면 대화에는 일청자이화자(一聽者二話者)입니다. 듣는 사람이 첫째이고, 다음이 말하는 사람입니다. 아무리 말을 잘하는 사람이라도 잘 들어주는 사람이 있어야 빛이 납니다.

대화 중에 스마트폰을 보는 사람들은 자신은 남의 이야기를 들으면서 동시에 스마트폰을 쓸 수 있는 멀티플레이어라고 착각하는 경향이 있습니다. 하지만 어떤 사람도 경청에 관한 한 멀티플레이가 가능하지 않을 뿐 아니라 만에 하나 된다고 하더라도 불완전할 수밖에 없습니다. 아니, 위험합니다. 음주운전보다 운전 중 스마트폰을 보다 발생한 사고가 더 치명적인 것처럼 말입니다.

내가 인터뷰할 때마다 들고 가는 것은 바로 '존중'이라는 태도다. 당신이 귀를 기울일 때, 사람들은 자신이 존중받는다는 걸 느낀다. 당신이 이야기를 들어주므로, 그들은 당신에게 말하는 것을 좋아하게 된다.
- 스터즈 터클, 미 방송계의 전설

# 특별한 사람으로
# 기억되고 싶다면

## 먼저 연락하라

코로나로 강의가 취소되거나 연기되면서 집에서 격리 아닌 격리를 당하는 날이 많아졌습니다. 처음에는 그러려니 했지만 시간이 지날수록 강의 문의 전화도 거의 끊기다 보니 어쩌다 누군가에게 걸려오는 전화가 그렇게 반가울 수 없었습니다. "그냥 전화했어"라며 연락해 주는 사람들이 고맙기만 했습니다. 어느 날 은퇴하신 선배에게 전화를 드렸더니 매우 반가워하시며 "실수로 오는 전화도 반갑다"고 하시는데 그 마음이 이해가 되었습니다. 그날부터 하루에 한두 명에게 전화를 걸었습니다. 그때마다 관심 가져주어 고맙다는 말을 참 많이 들었습니다.

실제로 전화로 관심을 표현하는 것은 매우 큰 위력을 발휘합니다. 피터 드러커, 마이클 포터와 함께 경영학계의 3대 구루로 알려진 톰 피터스 Tom Peters는 이메일이나 SNS보다는 전화를 하라고 강조합니다. 그는 매년 반기 혹은 연말이 되면 연락이 끊겼던 소중한 사람들에게 전화를 걸어 그동안의 성원과 배려에 감사를 전하고 앞으로도 계속하여 도와주시라고 부탁하는 전화를 해왔다고 합니다. 그는 그렇게 연결된 사람들과 오랫동안 교류하면서 큰 도움을 받았다고 합니다. "그냥 전화했어"라는 한마디가 누군가에게는 큰 위로가 됩니다. 어쩌면 전화 한 통이 좌절하는 이에게 희망을, 고독한 사람에게 기쁨을, 죽음을 생각하는 사람에게 생명을 주는 스위치가 될지도 모릅니다. 남이 기억해 주기를 기다리지 말고 내가 먼저 기억하여 연락해 준다면 나 때문에 행복한 사람들이 더 많아질 것입니다.

## 잘했다, 대한민국!

미국 뉴욕주에 사는 샌드라 네이선Sandra Nathan은 은퇴한 인권 · 노동 변호사입니다. 70대 중반인 그녀는 코로나19로 인한 고립감에 시달리고 있었습니다.

어느 날 한국국제교류재단에서 보내온 '코로나19 생존 박스COVID-19 Survival Box'라고 쓰인 소포 하나가 도착했습니다. '한국을 위한 귀하의 헌신에 감사 표시로'라는 메모와 함께 마스크 100장, 항균 장갑, 홍삼 캔디, 은수저, 비단 부채, 피부 보호제 등이 들어 있었습니다. 그녀는 시카고대학을 갓 졸업한 1966년, 21세 때 평화봉사단Peace Corps에 자원하여 춘천에서 여고생들에게 영어 가르치는 일을 했습니다.

"아이들은 신발도 없이 돌아다녔고 밤이면 쥐들이 천장을 뛰어다니는 소리를 들으며 밤잠을 설쳐야 했다. 뒷간엔 화장지가 없어 평화봉사단원들의 논쟁거리 중 하나는 타임과 뉴스위크 중 어느 것을 찢어 닦는 것이 낫냐는 것이었습니다. 겨울에는 얼음을 깨고 세수를 해야 했고, 교실에는 작은 숯불 난로 하나뿐이어서 햇볕 드는 곳을 쫓아다니며 체온을 유지했다"라고 그녀는 당시를 회상했습니다.

그런 환경에서도 학생들은 열심히 영어 공부를 하려 했고, 네이선은 그런 아이들에게 흠뻑 정이 들었습니다. 특히 기억에 남는 것은, 유난히 자주 아픈 아이가 있었는데 안 되겠다 싶어 미군 군의관에게 데려가 장내 기생충 치료를 받게 했던 일이었습니다. 아이의 엄마가 찾아와 눈물을 글썽이며 뭔가를 내밀었는데, 아직 온기가 남아 있는 달걀 몇 개였습니다. 정작 그 달걀을 먹고 기운 차려야 할 사람은 그 모녀라는 생각에 눈물이 핑 돌았습니다.

그로부터 50여 년이 지나 그 후손들에게서 소포를 받은 것이었습니다. 그 속에는 깃털 묻은 달걀 대신 그녀를 지켜주겠노라 보내온 코로나19 생존 물품들이 들어 있었던 것입니다. 그녀는 뉴욕타임스와의 인터뷰에서 "마치 1968년부터 나를 향해 기나긴 여행을 해온 상자 같았습니다. 거기에 담긴 마법 같은 것이 나를 눈물짓게 했습니다"라고 말했습니다.

대한민국을 위해 헌신한 이들을 기억하며 감사와 존경의 마음을 표현하는 대한민국이 자랑스럽습니다.

## LG 의인상 탄생 비화

2015년 의정부의 한 아파트에 화재가 발생하여 130여 명의 사상자를 냈습니다. 간판 다는 일을 하던 이승선 씨는 아직 탈출하지 못한 사람이 있다는 얘기를 듣고 밧줄을 이용해 10여 분 만에 시민 12명의 목숨을 구했습니다. 그는 '의정부 의인'이라는 칭호를 얻으며 언론의 주목을 받았습니다. 어느 날 LG그룹에서 한 직원이 찾아와 회장님이 뉴스를 보고 이분을 직접 찾아가 사람들을 구조해 준 은혜에 사례하라고 하셨다며 현금이 든 봉투를 전해 주었습니다.

이승선 씨는 정중하게 거절하면서 "그런 건 됐고, 술이나 한잔 사쇼"라고 했습니다. 두 사람은 인근의 고깃집에 가서 저녁을 같이 먹고 헤어졌습니다.

며칠 뒤에 LG 직원이 또 찾아와서 봉투를 받아달라고 했습니다. 이승선 씨는 한사코 거절하면서 "지난번에는 내가 대접을 받았으니 오늘은 내가 사겠소" 하며 오히려 저녁을 대접하여 보냈습니다.

그 얘기를 전해 들은 구본무 회장은 몹시 감동하여 공식적인 의인상(義人賞)을 만들자고 제안하였습니다. 이승선 씨처럼 사적인 사례는 거절하는 의인도 있으니 공식적으로 상을 만들어 주자는 취지였습니다. 또한 의인의 선행을 기억하고 널리 알리면 이를 귀감으로 삼아 사회적으로 선한 영향력을 끼칠 수 있다는 바람도 있었습니다.

이것이 구본무 LG그룹 회장의 제안으로 탄생한 'LG 의인상'의 출범 배경입니다. 누군가 행한 선한 일을 기억해 주는 기업들이 많아지는 세상,

얼마나 아름답고 따뜻한지요!

꼭 이렇게 거창한 일이 아니어도 좋습니다. 가정과 일터, 이웃과 사회에서 누군가 나에게 베풀어준 작은 친절과 나눔, 선행에 대하여 기억만 해줘도 이 세상은 더욱 따뜻하고 살 만한 세상이 되지 않을까요?

## 마음을 움직이는 삼행시

아주대 경영대학원생인 D사의 김정배 과장은 원우회원들의 생일에 그 원우의 이름으로 삼행시를 지어 축하해 줍니다. '얼마나 가나 보자' 했던 원우들은 1년 동안 전원을 대상으로 빠짐없이 삼행시를 올리는 것을 보고 감동했습니다. 그는 동료 원우들을 기억해 준 덕분에 대학원생들에게 가장 기억에 남는 사람이 되었습니다. 2차 연도를 맞이하여 여전히 생일 축하 삼행시를 올리고 있다고 합니다.

실은 삼행시 인사는 제가 즐겨 쓰는 방법이기도 합니다. 저는 명함을 받으면 24시간 이내에 그분의 이름으로 삼행시를 지어 문자를 보내드리는데, 반응이 매우 좋습니다. 세상에 단 하나뿐인 삼행시를 받았다는 것과 자신을 기억하고 관심을 기울여준 것에 대하여 놀라고 감동했다는 반응이 많습니다. 삼행시를 받고 삼행시로 답을 하는 분들도 있습니다. 그야말로 삼행시 대화입니다.

다음은 제가 최근에 모 회사의 교육담당자와 주고받은 삼행시 대화입니다.

김영미 대리님

김-김영미 대리님의 친절과 미소야말로

영-영원히 간직하고 닮아야 할

미-미래○○의 소중한 자산이라 생각합니다.

오늘 강의에 초청해 주시고 끝까지 강의를 경청해 주셔서 감사합니다.

김찬배 드림


김찬배 강사님

김-김찬배 강사님~ 열정적으로 강의해 주신 내용들

찬-찬찬히 살펴보면서

배-배움을 깊이 간직하겠습니다.

이렇게 삼행시를 보내기 위해서는 상대방을 많이 생각하게 되네요.

날씨는 흐리지만 오늘도 유쾌한 하루 보내세요. 감사합니다.


삼행시를 쓰다 보면 그 사람이 원하는 게 뭘지, 그 사람은 어떤 사람인지, 그 사람이 좋아할 만한 말은 무엇일지, 그가 어떤 일을 해왔는지 등등을 생각하게 되니 저절로 상대에 대하여 관심을 갖게 됩니다. 스티브 잡스는 "창의력은 단지 사물을 연결하는 것이다Creativity is just connecting things"라는 말을 했는데, 그러고 보니 삼행시를 쓰다 보면 글쓰기 능력과 창의력이 향상된다는 부수적 이익도 있으니 일석삼조(一石三鳥)인 셈입니다.

# 인정과 칭찬이
# 위대함을 낳는다

## 세계적인 여성 CEO 인드라 누이를 키운 인정

코카콜라와의 경쟁에서 번번이 패하여 만년 2위에 머물다 존폐 위기에 몰렸던 펩시코PepsiCo가 코카콜라를 추월하고 1등 기업이 되게 한 일등공신이 누구냐고 묻는다면 이구동성으로 인도계 미국인 인드라 누이 전 회장을 꼽습니다. 누이 회장에게는 살아오면서 자신감을 갖게 만들어 준 두 번의 인정(認定) 사건이 있습니다.

첫 번째는 어머니의 인정이었습니다.

지금도 그렇지만 누이가 태어났을 때는 인도에서 여성에 대한 차별이 지금보다 훨씬 더 심하던 시절이었습니다. 종교적 관습에 따라 여자는 집안일을 배워야 하고, 14살이 되면 얼굴도 모르는 남자에게 시집을 가야하고, 바지를 입어서도 안 되고, 머리를 짧게 잘라도 안 되는 시절이었습니다. 그녀의 어머니는 자매를 남다른 방법으로 교육했습니다. 그것은 바로 인정이었습니다.

어머니와 두 딸은 매일 저녁 의식과 같은 놀이를 했습니다. "얘들아, 너희들은 이다음에 무엇이 되고 싶니? 너희들은 무엇이든 원하는 대로 될 수 있단다"라고 하면서 대통령이나 총리가 되면 무엇을 할 것인지 연설문을 쓰고 발표하고 토론하도록 했습니다. 저녁 식사를 마치고 나면 오늘 토론에서 누구의 토론이 더 뛰어났는지 투표를 하였습니다. 그리고 우승자는 '오늘 우리 두 사람은 우리가 되고자 했던 세계적인 리더가 되는 데 성공했다'라고 쓰인 종이에 서명하는 의식으로 놀이를 마쳤습니다.

누이는 어머니의 이런 교육 방법이 미국 사회에서 유색인종으로 살아가면서도 자신감을 갖고 유리천장을 극복하는 원동력이 되었다고 했습니다. 누이는 인도의 대학에서 화학을 전공하고 대학원에서 경영학을 전공한 후 인도의 섬유회사에 다니다 미국의 다국적기업 존슨앤존슨Johnson & Johnson으로 옮겼습니다. 우연히 예일대학교 MBA 과정 학생 모집공고를 보고 지원하여 합격했습니다. 당시만 해도 여성 혼자 여행을 하는 것도 금기시되던 시절이었기에 외국에 유학을 간다는 것은 칭찬이 아니라 손가락질을 받는 일이었지만 누이의 부모는 딸의 능력을 신뢰하고 그 도전을 적극 응원했습니다. 누이는 미국에 유학하여 밤부터 새벽까지 생활비를 벌어 일과 학업을 병행하며 MBA를 최우등으로 졸업했습니다.

두 번째는 펩시코 웨인 칼로웨이Wayne Calloway 회장의 인정입니다.

그녀는 졸업과 동시에 보스턴컨설팅을 거쳐 모토로라 부사장, 세계적 다국적기업 ABB 부사장을 거치며 가는 곳마다 탁월한 성과를 냈습니다. 특히 사업 구조조정과 판매전략, 기획 분야에서 탁월한 실력을 발휘하여 대기업들의 스카웃 제의를 받기도 했습니다.

그녀는 GE의 잭 웰치 회장과 존폐 위기에 직면했던 펩시코의 웨인 칼로웨이Wayne Calloway 회장으로부터 스카웃 제의를 받았습니다. 이때 칼로웨이 회장은 "잭 웰치는 최고의 CEO이고 GE는 아마 세상에서 가장 좋은 회사일 것입니다. 하지만 나는 당신 같은 사람이 꼭 필요합니다"라고 누이를 설득했고 결국 누이는 펩시코를 선택했습니다. 칼로웨이 회장의 강력한 인정이 누이의 마음을 움직였습니다.

펩시코에 온 이후 누이는 매출에서 콜라의 비중을 줄이고 건강 음료와 식품으로 사업을 다각화하는 한편 과일주스 메이커인 트로피카나Tropicana, 게토레이를 앞세워 스포츠음료 시장의 절대 강자였던 퀘이커오츠Quaker Oats를 인수하며 10년 만에 코카콜라의 매출과 기업가치를 추월하는 기적을 만들어냅니다. 이러한 공로를 인정받아 여성 최초로 펩시코 CEO로 승진한 데 이어 곧바로 회장까지 겸하게 됩니다. 세계적 대기업에서 오너도 아닌 사람에게 이사회 의장과 CEO를 모두 맡긴 것은 그만큼 그녀의 능력에 대한 인정과 신뢰가 있었기 때문이었을 것입니다. 위기에 직면한 펩시코를 구했다는 평가를 받고 CEO에서 물러나자 언론에서는 "누이의 퇴장으로 미국은 또 한 명의 보기 드문 여성 CEO를 잃었다"며 아쉬워했습니다.

어린 시절 어머니의 인정이 잠재력을 발휘하고 자신감을 키우는 데 도움이 되었다면, 칼로웨이 회장의 인정은 리더로서 승부를 걸고 헌신하겠다는 다짐을 이끌어내는 데 큰 원동력이 되었습니다. 인정이 위대한 인물을 만들어낸 것입니다.

## 워런 버핏이 노박 회장을 CEO로 뽑고 싶었던 까닭은

버크셔 해서웨이의 워런 버핏 회장은 "프로 풋볼 선수를 스카웃하듯 최고경영자를 뽑는다면 나는 데이비드 노박David Novak에게 버크셔 해서웨이의 경영을 맡기고 싶다"라고 말한 적이 있습니다. 데이비드 노박이 어떤 인물인지 궁금하실 것입니다. 그는 타코벨, KFC, 피자헛 등을 운영하는 세계 최고의 외식 브랜드 '얌브랜드Yum!Brands'의 전직 회장 겸 CEO였고, 현재는 세계 최초의 인정Recognition 브랜드 기업인 '데이비드 노박 리더십David Novak Leadership'의 CEO입니다. 노박은 46세에 얌브랜드의 CEO가 되었습니다. MBA는커녕 경영대학 졸업장도 없이 사회생활을 시작하여 백과사전 외판원, 호텔 야간 접수원을 거쳐 우연히 피자헛에 입사했다 능력을 인정받아 초고속 승진을 한 입지전적 인물입니다.

그가 얌브랜드를 성공시킨 비결은 '직원이 즐겁고 고객이 행복하면 회사가 성장한다'라는 철학을 바탕으로 직원 존중을 실천한 것이었습니다. 그의 직원 존중은 한마디로 '인정과 칭찬 그리고 보상'이었습니다.

그가 직원 존중을 실천하게 된 계기가 있습니다. 그는 결혼 후 호텔에서 야간 접수원으로 일한 적이 있는데, 그때 유명 팝스타 잉글버트 험퍼딩크가 그 호텔에 묵었습니다. 신경을 많이 써서 최상의 서비스를 제공했건만 험퍼딩크는 팁은커녕 고맙다는 말도 없이 떠나 몹시 불쾌했습니다. 이때 노박은 '일을 잘한 직원에게는 적절한 보상을 해주어야 한다. 내가 이다음에 경영자가 되면 직원들에게 적정한 보상을 해주겠다'고 결심했고 이를 실천했던 것입니다.

얌브랜드에는 보상과 인정의 네 가지 원칙이 있습니다. 그것은 '재미있어야 한다', '자연스러워야 한다', '인간적이어야 한다', '축하해 줄 만한 업적을 찾아다녀야 한다'입니다.

얌브랜드에는 이런 원칙을 반영한 재미있고 인간미 넘치는 여러 종류의 상(賞)이 있습니다. 흔히 볼 수 있는 종이 상장이나 크리스탈 상패가 아니라 재미있고 기억에 남을 수 있는 상을 줍니다. 노박은 KFC 매장에서 일 잘하는 직원을 발견하면 서류 가방에서 고무 치킨 인형을 꺼내 사인해 주고 100달러짜리 지폐와 함께 공개적으로 칭찬했습니다. 피자헛에서는 은제 피자 팬에 이름을 새겨 넣은 '피자팬상', 혁신적인 아이디어를 제안한 직원에게는 마술과 같다는 의미로 작은 모자에서 토끼를 꺼내 사람들을 놀라게 하는 '분홍 토끼상', 회사를 알리는 데 공을 세운 직원에게는 타임지의 표지에 수상자의 얼굴을 넣어주는 '표지상', 재무적으로 기여한 직원에게는 돼지저금통에 돈을 담아 주는 '쇼미더머니Show me the money상', 긍정적인 인상을 남긴 직원에게는 발자국 석고상을 떠주는 '발자국상' 등 축제처럼 즐겁고 기억에 남도록 상을 주었습니다.

어떻게 생각해 보면 우스꽝스럽다고 할 수 있는 상일지 모르지만 직원들은 그 상을 받고 사기가 올라갔습니다. 조리기술자였던 한 고참 직원은 "내가 죽으면 나의 관에 노박 회장이 준 고무 치킨 인형을 넣어달라"

고 했을 정도입니다.

데이비드 노박은 집무실의 사방 벽과 천장 그리고 복도까지 전·현직 직원들과 찍은 사진 1400여 장을 걸어두고 직원들에게 감사하는 마음으로 경영했습니다. 직원에 대한 관심과 사랑이 얼마나 컸는지를 알 수 있는 대목입니다.

노박 회장이 CEO로 재임(1999~2016)한 7년 사이 얌브랜드의 시가총액은 일곱 배 가까이 뛰었습니다. 그의 후임 CEO 그렉 크리드Greg Creed는 '사람을 최우선으로 두는 문화가 정착할 수 있었던 것은 노박 전 회장 덕분'이라며 사무실 인테리어를 바꾸지 않고 그대로 사용하기로 했습니다. 전임자의 훌륭한 업적을 존중한 것입니다. 그 전임자에 그 후임자인가 봅니다.

## 인간을 위대한 존재로 만드는 칭찬

같은 상황에 놓인 두 사람이 있었습니다. 한 사람은 비난을 받고 한 사람은 칭찬을 받았습니다. 이들의 삶은 어떻게 되었을까요?

유고슬라비아의 어느 시골 마을에 한 소년이 있었습니다. 어느 날 소년은 신부(神父)를 도와 성찬을 준비하다가 실수로 포도주를 담은 그릇을 땅에 떨어뜨리고 말았습니다. 화가 난 신부는 소년의 뺨을 때리면서 "이런 멍청이 같으니, 어서 나가지 못해! 그까짓 일조차 제대로 하지 못하는 놈은 필요 없어. 다시는 제단 앞에 얼씬거리지도 마!"라고 고함을 쳤습니다. 소년은 뛰쳐나갔고 그 후 평생 성당에 나가지 않았습니다. 소년은 무

신론자가 되었습니다. 소년은 후에 공산국가 유고슬라비아를 수십 년간 지배한 독재자 요시프 브로즈 티토Josip Broz Tito 대통령이었습니다.

이와 유사한 상황이 미국에서도 있었습니다. 티토처럼 성당에서 신부의 시중을 들던 소년이 있었습니다. 소년도 실수로 성찬용 포도주를 엎지르고 말았습니다. 당황하여 어쩔 줄 모르고 있을 때 신부는 온유한 눈빛으로 소년을 바라보며 이렇게 말했습니다. "너무 염려하지 마라. 넌 앞으로 훌륭한 신부가 되겠구나. 나도 너처럼 어린 시절 포도주를 실수로 쏟은 적이 있었단다. 그런데 지금은 이렇게 신부가 되어 있잖니?" 소년은 성장하여 신부가 되었습니다. 그는 바로 세계 가톨릭의 최고 지성으로 불리는 풀톤 쉰Fulton Sheen 대주교였습니다.

이 장면을 우리의 가족과 직장 동료들에게 적용해 본다면 어떨까요? 사람은 비난받으면 거부감이 생기고 자신감도 잃습니다. 하지만 칭찬받는 사람은 자신도 몰랐던 가능성을 발견하여 발전하게 됩니다. 마크 트웨인은 "좋은 칭찬 한마디면 두 달을 견뎌낼 수 있다"고 했습니다.

## 모두가 신사, 숙녀가 된 순간

어느 날 아파트 지하 주차장에서 엘리베이터를 탔습니다. 저층에 사는 가족이 제일 먼저 내렸는데 유치원생쯤 되어 보이는 어린아이가 배꼽 인사를 하며 명랑한 목소리로 "안녕히 가세요"라고 인사했습니다. 저는 "인사를 아주 잘하는구나. 참 예쁘다. 안녕히 가세요"라고 인사했습니다.

잠시 후 다른 층에 내리는 한 가족도 정중하게 인사하며 내렸습니다.

다음 가족도 그렇게 했습니다. 엘리베이터에 탄 모든 사람들은 큰 선물을 받은 듯 흐뭇한 표정으로 밝게 인사하며 헤어졌습니다. 한 어린이의 인사와 그것을 칭찬한 한마디가 아파트 주민들을 그렇게 연결시켜 주었습니다. 그날 엘리베이터 안의 모든 사람들은 신사였고 숙녀였습니다.

## 이런 칭찬은 처음이라서…

저의 개인적 사명 중 하나는 '칭찬 대한민국'을 만드는 것입니다. 부부 동반 모임에서는 '팔불출 운동'을 하고, 교육 시간에는 동료들을 칭찬해 주도록 합니다.

교육 때마다 강사가 학습자들에게 관심을 갖고 칭찬해 줄수록 교육 몰입도와 성과가 높아지는 것을 확인하며 데이비드 노박 회장의 "인정은 활력 있는 노동력을 창조하고 사람들에게 위대한 일을 할 수 있게 고무시킨다"라는 말을 확신하고 있습니다.

한번은 2박 3일 합숙 교육 중에 매 시간 한 명씩 정하여 14명의 동료들이 집중적으로 칭찬하는 시간을 가졌습니다. 학습자들은 다음 칭찬 시간을 기다렸고, 틈틈이 동료들에게 어떤 칭찬거리가 있는지 발견한 것을 수시로 메모해 두었습니다.

교육장은 매시간 칭찬의 언어로 가득 차 온기가 넘쳤습니다. 그런데 칭찬을 받던 40대 중반의 한 관리자가 눈물을 흘렸습니다. "직장 생활 15년 동안 처음으로, 그것도 이렇게 집중적으로 칭찬을 받으니 너무 감동하여 눈물이 났습니다"라고 말했습니다. 칭찬이 고픈 사람들이 많은가 봅니다.

　칭찬은 '공개적으로, 구체적으로, 진심으로, 칭찬만, 즉시' 하라고 합니다. 부부와 자녀, 직장인들을 대상으로 설문조사를 해보면 그들이 듣고 싶어 하는 말은 거창한 것이 아니었습니다. 가정과 직장에서 구성원들이 원하는 것은 '수고했어', '잘했어', '고마워'와 같은 말이라도 제때 해달라는 것입니다. 구체적으로 칭찬하는 것이 잘 안 된다면 '수고했어', '고마워', '잘했어'와 같은 짧은 말이라도 열심히 했으면 좋겠습니다. 칭찬을 원칙대로 하는 노력보다 더 중요한 것은 칭찬하는 것 그 자체일지도 모릅니다.

# 감사를 표현하면
# 기적이 일어난다

## 부모의 이혼 위기를 극복하게 해준 감사 편지

이춘원(가명) 상병은 어느 날 동생의 전화를 받았습니다. "형, 큰일 났어. 엄마 아빠가 이혼하신대"라며 울먹였습니다. 하늘이 무너진다는 느낌이 바로 이런 거구나, 하는 생각이 들었습니다. 일단 차분하게 부모님을 이해해 보자고 마음을 가라앉힌 후 지금 이 상황에서 자신이 할 수 있는 일이 무엇인가에 집중해 보았습니다. 마침 부대에서 감사 나눔 운동이 전개되고 있었습니다. 감사에 대한 강의도 듣고 감사일기 쓰기와 100가지 감사 쓰기 운동을 하고 있었기에 부모님이 이혼하시더라도 그동안 감사했던 마음을 정리하여 전달해 보자고 결심하고는 어린 시절 부모님이 해

주신 말씀과 행동을 기억하면서 감사한 일들을 써내려 갔습니다.

1주일 뒤에 휴가를 얻어 집에 갔더니 집안 분위기는 부모님 사이만큼이나 조용하고 싸늘했습니다. 부모님은 미안하다는 말만 할 뿐 서로 눈을 마주치지 못하고 어색한 침묵만 흘렀습니다. 이때 큰아들인 이 상병이 입을 열었습니다. "그동안 무뚝뚝했던 아들이라 표현을 하지 못했는데, 오늘은 그동안 베풀어주신 은혜에 감사한 마음을 전해 드리겠습니다" 하고는 부대에서 적은 아버지와 어머니에 대한 감사문을 읽어나가기 시작했습니다. 가족들의 소중한 추억들이 모두 소환되고 있었습니다.

엄마가 먼저 흐느끼기 시작했습니다. 이내 아버지도, 동생도 흑흑 울기 시작했습니다. 이 상병은 눈물 범벅이 된 채로 100가지 감사의 글을 다 읽어나갔습니다. 낭독이 끝나자 방안에는 카타르시스가 일어나는 것 같았습니다. 그리고는 각자 방으로 돌아갔습니다.

이 상병은 잠을 청했지만 잠이 오지 않았습니다. 그런데 부모님 방에서 두런두런 이야기 소리가 들려왔습니다. "춘원이가 그런 걸 다 기억하고 있었네…" 하면서 말입니다. 이혼을 결심했던 부모님이 아들이 읽어드린 감사의 글을 가지고 이야기를 나누는 것 같았습니다. 엄마 아빠의 닫혔던 소통의 문이 열리기 시작한 것입니다.

다음 날 아침 아버지가 "일어났니? 영화 보러 갈래?"라고 말했습니다.

"예 알겠습니다" 하고 문을 나서는데, 어머니도 외출할 준비를 다 마치고 따라나섰습니다.

오늘 누구에게 감사를 표현하셨습니까? 매일 우리는 누군가의 도움 덕분에 살아갑니다. 그러니 감사할 일이 참으로 많을 텐데, 그것을 표현하는 사람은 의외로 적은가 봅니다. 세계적 경영사상가 마셜 골드스미스 Marshall Goldsmith에 의하면 직장인 중 동료들에게 고맙다는 말을 듣는 것이 일 년에 한 번 정도라고 합니다. 서구 문화권에서도 그 정도밖에 안 된다는 사실이 놀랍습니다. 그렇다고 모든 직장인이 감사의 마음이 없기 때문에 그럴까요? 마음은 있어도 표현하지 못하거나 않는다는 것이 정확한 표현일 것입니다. 영감 넘치는 격언을 많이 남긴 미국의 언론인이자 칼럼니스트 윌리엄 아서 워드William Arthur Ward는 "감사를 느끼고 표현하지 않는 것은 선물을 포장하고 전해 주지 않는 것과 같다"라는 명언을 남겼습니다. 감사는 표현할 때 그 가치가 빛난다는 것이겠지요. 지금 바로 감사하는 마음을 표현해 보면 어떨까요? 생각보다 꽤 많은 기적을 맛보게 될 것입니다.

## 어머니께 드리는 1000가지 감사

『어머니』의 저자 천지세무법인의 박점식 회장은 감사경영을 도입하여 본인은 물론 직원과 고객들까지 많은 혜택을 본 경험을 한 후 감사 운동 전도사 역할을 하고 계십니다. 박 회장은 일찍 남편을 잃고 홀로 자신을 키워주신 어머니가 치매에 걸리자 이제 어머니와 함께할 수 있는 날이 얼마 남지 않았다는 생각이 들어 돌아가시기 전에 1000가지 감사를 바치기로 결심했습니다. 새벽마다 명상을 하며 어머니와 나누었던 시간을 추억해 보니 아비 없는 자식이란 소리 안 듣게 하려고 엄하셨지만 한없이 자애로우셨던 어머니의 사랑과 희생, 헌신, 어머니와의 소중했던 추억들이 새록새록 떠올랐습니다. 박 회장은 그것을 적어나가기 시작했습니다.

"찬밥이 있으면 당신이 드시고 나에게는 늘 새로 지은 밥만 주셨다. 나는 그것이 당연한 일인 줄만 알았다. 방학 때 흑산도에 들어가면 그 바쁜 와중에도 내 밥은 새로 지어 주시려고 밖에서 일하시다가도 헐레벌떡 뛰어오셨다."

"목포상고 재학 시절 여름방학 때 섬에 돌아와 친구들과 이웃집 염소를 잡아먹었다. 목포 하숙방을 찾아오신 어머니는 불같이 화를 내셨다. 넘의 염소를 멋대로 잡아묵어? 내가 '경우 바르게' 살라고 했냐, 안 했냐? 사람이 그런 나쁜 짓을 험시로 공부는 해서 뭣하냐! 하시고는 내 책을 모두 불사르셨다."

"어머니가 고구마를 쪄 놓으라고 하셔서 찌다 보면 왜 그렇게 물 붓는 것을 잊어버리는지… 솥이 시커멓게 타서 혼날 것이라고 예상하고 있을 때 의외로 별말씀하지 않으시고 오히려 고구마가 맛있게 쪄졌다고 하셨다."

하지만 시간이 기다려주지 않았습니다. 700여 개의 감사를 쓸 즈음에 어머니가 운명하셨습니다. 박 회장은 어머니가 돌아가신 후에 300개 감사를 채워 1000가지 감사를 완성했습니다.

감사를 하고 싶어도 전할 수 없을 때가 온다고 하지요. 미루지 말고 지금 바로 감사를 전해야겠습니다.

## 대구시청님, 감사합니다

어느 날 대구광역시 청사를 향해 큰절을 하는 한 사람의 사진이 신문에 실렸습니다. 주인공은 김봉표 전 대구광역시청 자연재난과장이었습니다. 그는 명예퇴직으로 대구시청을 떠나며 그동안 자신을 선택하고 키워준 대구시청을 향해 그렇게 감사한 마음을 표현했던 것입니다. 그는 '대구시청님께'라는 퇴임사를 남겼습니다. 대구시청님은 대구시민과 대구시 공무원 그리고 대구시장을 의미하는 말이었습니다.

퇴임사는 농부의 아들로 태어나 공고를 졸업하고 건축공사장 야간 경비원으로 일하던 시절, 빛바랜 회색 티셔츠 차림으로 대구시청을 방문했던 때를 회고하는 것으로 시작되었습니다.

그는 공무원 재직 중에 방송통신대학을 다닐 수 있었고, 32평짜리 넓은 집에 22년째 살면서 가족과 외식도 즐길 수 있게 된 것, 자신을 초보 기술자에서 특급 기술자로 키워주고, 9급에서 4급까지 승진의 기쁨을 주더니, 새로운 길을 떠나는 앞길에 평생 연금을 마련해 준 것에 대하여 감사하다고 했습니다.

마지막에는 "이젠 대구시청님이라는 큰 나무를 내려가 대구 시민의 숲으로 가서 그곳에서 임을 보면서 늘 그 고마움을 잊지 않겠다"며 끝까지 감사로 마무리했습니다.

몸담았던 직장을 떠날 때는 물론이고 떠난 뒤에도 전 직장을 원망하거나 험담하는 사람들이 얼마나 많습니까? 그런데 김 과장은 퇴임하며 대구 시민들과 공무원, 그리고 그가 모셨던 시장이 베풀어준 은혜에 감사하며 세 번이나 큰절을 했습니다. 이런 태도가 그를 성공시킨 비결이 아닐까요?

세계적 심리학자 윌리엄 제임스William James는 "감사를 아는 사람은 다른 사람의 유익을 위해 산다. 더 중요한 것은, 이런 철학을 가지고 사는 사람은 자신도 모르게 발전하게 된다"고 했습니다. 김봉표 과장이야말로 이 말에 딱 맞는 주인공인 것 같습니다.

## 감사로 채우는 사전 장례식

K는 늦가을 어느 날 지인들을 만찬에 초대했습니다. 만찬장에는 형제자매와 가족, 친구와 전 직장 동료, 교회와 사회에서 만난 사람 등 100여 명이 모였습니다. 초대받은 사람들은 영문을 모른 채 맛있게 식사를 한 후 차를 마시며 대화를 나누고 있었습니다. 이때 K가 마이크를 잡고 인사를 했습니다.

"안녕하세요. 갑작스럽게 연락을 드렸는데 저의 초대에 응해 주셔서 감사드립니다. 실은 오늘이 여러분을 위한 마지막 만찬일지 모릅니다. 얼마 전 병원에서 건강 검진을 받았는데, 저에게 남은 시간은 6개월뿐이라고 합니다."

사람들이 놀라 웅성거렸습니다.

"마음을 정리하기 위해 혼자 여행을 하다 어느 강가에 이르렀을 때 높다란 은행나무와 단풍나무가 누가 더 화려한지 경쟁하는 듯 노랑과 붉은 단풍의 조화가 너무 아름다워 그곳에 발길이 머물렀습니다. 카메라를 꺼내 마지막일지 모르는 단풍을 찍고 있자니 햇빛과 대지가 제공하는 모든 영양을 끊고 말라가는 그 모습이 저의 운명과 닮았다는 생각이 들었습니다. 죽는 날까지 저렇게 아름다울 수 있다면 얼마나 좋을까, 하는 생각에 미치자 마지막 시간을 단풍처럼 살자고 결심했습니다. 평생 무슨 일을 할 때마다 철저하게 준비하는 습관을 갖고 있습니다. 그런데 마지막 인생을 어떻게 살아야 하는지에 대해서는 준비해 본 적이 없습니다. 이제 머지않아 제 심장이 멎는 날이 오겠지요. 그때 저의 마지막을 감사와 생명을 주는 일로 채우자는 결심을 했습니다. 그리고 그 출발을 평생 저와 우리 가족을 위해 은혜를 베풀어주신 여러분들에게 감사의 마음을 전하는 것으로 시작하고자 합니다."

청중들은 자신들이 왜 그곳에 초청을 받았는지 그제야 알고는 손수건을 꺼내 눈물을 훔치기 시작했습니다.

"그동안 부족한 저를 지지하고 힘이 되어주셔서 감사했습니다"라고 말한 후 K는 절을 하다 엎드려 한참을 흐느꼈습니다. 그리고는 다시 일어나 "저의 부족한 성정 때문에 상처를 준 분들이 많았습니다. 넓은 마음으로 용서해 주시면 감사하겠습니다. 저의 잘못이나 부족한 점은 다 잊어주시고 좋았던 것만 기억해 주신다면 편안하게 천국을 맞이하겠습니다. 감사합니다. 사랑합니다. 죄송합니다."라는 말로 인사를 마쳤습니다.

그날 밤 K는 아내에게 "세상의 수많은 남자 중 나를 선택해 줘서 고마웠어요."라고 말한 후 포옹했습니다. 자녀들에게는 "너희들은 내 인생의 기쁨의 원천이었단다. 나의 아들딸로 살아주어 고맙다."라고 말한 후 안아주었습니다.

그날 이후 K는 하루에 서너 명에게 감사와 용서를 구하는 문자를 보냈습니다.

그러다 겨울이 오고 다시 봄이 와 약동하는 생명의 기운이 가득한 어느 날 "K는 네 분에게 장기를 기증하여 그분들의 몸속에서 여전히 살아계시며, '모든 것이 은혜였고 감사했습니다'라는 말을 남기고 천국 여행을 떠나셨습니다"라는 문자가 지인들에게 도착했습니다.

여기서 K는 저 김찬배입니다. 어느 가을날 강의 나갔던 한 기업의 연수원 단풍나무 앞에서 언젠가는 시한부 선언을 받는 날이 올 텐데 인생의 마지막을 어떻게 보낼까 상상하며 소설처럼 써본 글입니다. 인생의 마지막을 감사로 채울 수 있다면 멋진 인생이 아닐까 생각하면서 말입니다.

> 당신이 남에게 감사할 때는 존중하는 마음이 함께한다.
> - 달라이 라마

112

# 인사는
# 힘이 세다

## 출퇴근 시간을 보면 알 수 있는 것들

K씨 가족은 아침에 출근하거나 등교하는 가족을 향해 모두 '잘 다녀오라'고 인사합니다. 집에 들어오는 가족에게는 모두 나와 '잘 다녀왔느냐'고 인사합니다. 집에서 키우는 애완견도 가족이 집에 들어오면 온 가족을 불러내어 신나게 인사를 합니다. 결혼 초창기부터 그렇게 하다 보니 가족 문화가 되었습니다. K가 그렇게 하는 데는 이유가 있습니다. 한 지인이 아침에 출근한 후 사고로 사망한 것을 보고 K는 누구든지 출근 인사가 마지막이 될 수 있다는 생각이 들었습니다. 그래서 아침에는 안전하게 잘 다녀오라는 의미로, 저녁에는 안전하게 귀가하여 감사하다는 마음

으로 인사를 하는 것입니다. 의외로 많은 가정에서 누가 나가고 들어오는지 무관심한 것 같습니다.

회사는 어떤가요? 거의 비슷한 시기에 경쟁 관계에 있는 세일즈 조직에 출강한 적이 있습니다. 두 회사 모두 아침 시간에 강의했는데, A사의 본부장은 밝은 표정과 반가운 목소리로 출근하는 사원들을 맞이하고 있었습니다. 그런 분위기가 조직 전체에 전염되었는지 파이팅이 넘쳤습니다. 모두 리액션 부자여서 강의하는 내내 저도 신이 났습니다. 경쟁사인 B사의 분위기는 정반대였습니다. B사는 지금 A사를 도저히 따라갈 수 없을 정도로 부진을 면치 못하고 있습니다. 단편적인 모습이지만 출퇴근 시간에 인사하는 모습만 모아도 많은 것을 알 수 있습니다.

여러분의 가정은, 회사는 어떻습니까?

## 왜 인사가 만사인가

교인들이 인사를 잘한다고 소문 난 교회가 있습니다. 이 교회의 표어는 '인사만 잘해도 먹고는 산다'입니다. 교회의 표어치고는 세속적으로 보였습니다. 그런데 곱씹어볼수록 묘한 의미가 있다는 생각이 들었습니다. 자신이 믿고 있는 종교의 경전을 100번을 읽었다 한들 동네에서 만나는 이웃이나 직장 동료들에게 인사도 하지 않는다면 그것이 무슨 의미가 있을까요? 마침 그 교회 동네에 사는 지인을 만나 그 교회에 대하여 물었더니 인사 잘하는 교회로 유명하다고 합니다. 소문만이 아니라 실제로 그렇다는 사실을 확인한 것입니다.

알고 보니 이 교회의 담임목사님은 『인사만 잘해도 먹고는 산다』의 저자 하근수 목사였습니다. 하 목사는 어릴 적부터 인사를 잘하라고 강조하신 부친 덕분에 인사가 몸에 배었는데, 그것이 교회 부흥과 모든 성공의 비결이라는 체험적 주장을 책에 담고 있었습니다. 그는 교인들에게 가게에 가든, 이웃집에 가든, 동사무소에 가든 인사를 잘하는 교인이 되자고 강조하고 모범을 보였다고 합니다.

그러고 보니 인사는 상대방에 대한 관심, 즉 존중을 보여주는 대표적인 행동입니다. 인사를 잘하면 호감을 얻을 수 있습니다. 우리 아파트에 인사를 잘하는 초등학생 둘이 있는데, 어찌나 인사를 잘하는지 하도 기특하여 "인사를 참 잘하는구나. 아무래도 크게 성공할 것 같구나"라고 이야기했더니 기분이 좋았는지 "왜 그렇게 생각하세요?"라고 물었습니다. 저는 "인사를 잘하는 사람은 주변 사람들이 많이 도와주어 저절로 성공하는 법이란다"라고 엘리베이터 스피치를 했습니다. 그 학생은 기분이 좋았는지 넙죽 인사를 하며 엘리베이터에서 내렸습니다. 그 후 다시 만날 때마다 이 어린이는 점점 더 인사를 잘했습니다. 저는 진심으로 이 어린이가 잘되기를 바라고, 잘될 것이라 기대합니다. 이것이 이 어린이에게만 해당할까요?

김성근 감독은 『나는 김성근이다』라는 책에서 "인사하지 않는다는 것은 상대에 대한 존중이 없다는 것이고, 존중이 없다는 것은 겸손이 없고, 겸손이 없으면 오만하다는 뜻이다. 오만은 자신의 실력을 제대로 모르고 있다는 것이다. 이런 선수들로는 승부 세계에서 살아남을 수 없다. 그래서 제일 먼저 가르친 게 인사하는 것이었다"라고 말했습니다. 인사가 모든 성공의 기초임을 강조한 것입니다. 인사에 이렇게 다양한 의미가 있다면 그 가치를 다시 한번 조명해 볼 필요가 있지 않을까요?

일반적으로 인사를 잘하는 사람들에게 따라다니는 말 중의 하나는 '사람이 됐어'입니다. 직장인이라면 좋은 평판을 얻게 되니 고과에서 높은 점수를 받게 될 가능성이 높습니다. 인간관계도 넓어지고, 도와주려는 사람도 많아집니다. 결정적인 순간에 보호를 받기도 합니다. 모 회사의 구조조정 때 평소 인사를 잘해서 좋은 평가를 받고 있던 직원이 대상이 되었다고 합니다. 평소에 인사를 잘해서 상사와 동료들이 호감을 갖고 있던 직원을 내보내려니 고민이 많았는데, 결국 내보내지 않기로 했다고 합니다. 평소에 인사를 잘했던 것이 직장 생활의 큰 보험이었던 셈입니다.

반면에 인사를 하지 않아 낭패를 보는 사람들이 꽤 많습니다. 인사를 안 하는 사람들은 '나를 무시한다', '기분이 나쁘다', '예의가 없다', '기본이 안 됐다'는 인상을 주고 심지어 '가정교육을 제대로 받지 못했나 봐' 하는 식으로 부모님까지 욕을 먹게 합니다. '인사만 잘해도 먹고는 산다'는 말은 곱씹어볼수록 진리입니다. '인사만 잘해도 절반은 성공한다'로 해석해도 무방할 것입니다. 아니 어쩌면 전부일 수 있습니다.

인사가 만사(萬事)입니다. 탈무드에 '미소를 짓지 못하면 가게 문을 열지 마라'는 말이 있다고 합니다.

## 4차산업혁명 시대에도 인사가 중요한 이유

삼성그룹에 출강했더니 교육장 벽에 'Start Up Samsung 9 Actions'라는 포스터가 붙어 있었습니다. '스타트업 삼성'은 삼성전자가 시대 흐름에 맞지 않는 사고방식과 관행을 과감히 떨쳐내고 글로벌 기업에 걸맞도록 의식과 일하는 문화를 혁신하여 스타트업 기업처럼 지속적으로 혁신하자는 의미를 담아 2016년에 선포한 조직문화 혁신 슬로건입니다. 보안 관계상 포스터를 찍지 못해 9 Actions를 다 기억하지는 못합니다. 그런데 1번이 '먼저 본 사람이 먼저 인사하자'였습니다. 왜 그랬을까요?

21세기를 특징 짓는 말 중의 하나는 연결connection입니다. 모든 것이 연결되고, 연결의 힘이 경쟁력이 되는 시대입니다. 거대 기업 삼성이 스타트업처럼 빠르게 실행하는 조직이 되려면 구성원 간, 부문 간 원활한 연결을 통해 소통과 협력이 이루어져야 할 것입니다. 그 출발이 바로 인사 아닐까요? 사람이 많다 보면 같은 부서 동료나 업무적으로 연결된 사람 외에는 관심이 없어질 가능성이 높습니다. 같은 회사에 다닌다고 해도 서로 무관심하게 그냥 지나치기 쉽습니다. 그런데 먼저 본 사람이 먼저 인사를 하면 상대방도 인사를 하게 될 것이고, 이런 분위기가 확산되면 조직 전체가 유기적으로 연결되는 데 크게 도움이 될 것입니다. 인사는 사람과 사람을 연결하고 소통과 협력을 가능하게 하는, 사소해 보이지만 매우 중요한 '존중'이 아닐 수 없습니다. 그런 면에서 삼성스타트업 9 Actions의 1번 항목을 '먼저 본 사람이 먼저 인사하자'로 한 것은 핵심을 간파한 것으로 보입니다.

# 환대의 힘

## 오프라 윈프리 쇼의 성공 비결

오프라 윈프리는 어린 시절의 상처를 극복하고 세계에서 가장 영향력 있는 흑인 여성 방송인이라는 명성을 얻었습니다. 그녀를 세계적 스타로 만든 '오프라 윈프리 쇼'의 성공 비결 중 하나는 출연진에 대한 프로그램 관계자들의 극진한 환대였습니다. 출연자를 태운 차가 도착하면 출연자를 영접하는 직원은 "우리 쇼에 오셨습니까? 지금부터 우리와 함께 즐기세요"라며 맞이하도록 했습니다. 다른 방송사에서는 '당신 같은 사람을 출연시켜 주는 것만으로 감지덕지인 줄 알라'는 듯 퉁명스럽게 맞이하는 직원들이 많았는데, 이곳에 오기만 하면 "어서 오세요. 와주셔서 감사합니다. 오프라가 기다리고 있습니다"라며 친절하게 맞이하는 직원들에게서 출연자들은 존중받는다는 느낌을 받았습니다. 이런 환대 분위기는 진행자인 윈프리에서부터 시작된 것이었습니다. 그녀는 「블랙 엔터프라이즈」지와의 인터뷰에서 "오프라 윈프리 쇼의 핵심은 초대 손님을 존중하는 것입니다. 초대 손님으로부터 감동적인 무엇인가를 끌어내기 위해선 그 사람을 존중해야 하거든요. 저뿐만 아니라 우리 팀원 모두가 마찬가지입니다. 그것이 우리 쇼를 오랫동안 이끌어온 비결이죠. 쇼의 성공은 그런 수많은 초대 손님들이 만들어 준 겁니다"라고 했습니다.

## 슈펙스 서비스

SK그룹 계열사의 한 고위 임원을 방문한 적이 있습니다. 여유 있게 일찍 출발한 데다 평소보다 길이 잘 뚫려서 약속 시간보다 1시간이나 먼저 도착하였습니다. 경비실에서 제가 주차할 공간을 미리 마련해 둔 것을 보고 남다르다는 생각이 들었습니다. 너무 일찍 도착하여 폐를 끼칠 것 같아 직원에게 휴게실이 있는지를 물으니 직접 데려다 주며 '약속 시간 5분 전에 엘리베이터를 타시면 된다'고 안내해 주었습니다. 약속 시간이 가까워 오자 다시 찾아와 시간이 되었다며 엘리베이터 앞까지 안내한 후 내릴 층을 알려주었습니다. 거기까지인가 보다 했는데, 이번에는 엘리베이터가 열리자마자 비서가 기다리고 있다 저를 맞이했습니다. 임원을 만나 대화를 시작하자 비서는 유자차를 내왔습니다.

그때까지만 해도 직원들이 참 친절하다는 생각은 했지만 고위 임원의 손님이니 이렇게 응대하나 보다 했습니다. 미팅을 마치고 돌아오니 아내가 SK사에서 전화가 와서 제가 좋아하는 차가 무엇인지를 묻더라고 했습니다. 유자차는 그렇게 해서 나온 것이었습니다.

그날 제가 받은 서비스는 SK그룹이 지향하는 가치인 슈펙스SUPEX, Super Excellence 그 자체였습니다. 저는 그날 하루 종일 존중받았다는 생각이 들어 흐뭇했습니다. 그날 있었던 일에 대하여 '슈펙스 서비스Supex Service'라는 제목의 글을 써서 많은 분들에게 알렸습니다. 전 그날 그 회사의 자발적 홍보대사가 되었던 것입니다.

## 다른 사람을 팬으로 만드는 환대의 힘

한번은 한 방송사의 임원과 팀장을 대상으로 강의 요청을 받았습니다. 강의 날짜가 다가오자 담당자로부터 전화가 자주 오기 시작했습니다. 원래 일정에는 강의가 종료되는 저녁 시간에 CEO가 와서 격려사를 하고 만찬을 함께하기로 했는데, "무슨 소리야. 나도 강의를 들어야지" 하시는 바람에 직원들이 긴장했던 모양입니다. 분위기로 보아 CEO가 권위주의적일지 모른다고 생각했습니다.

부탁받은 대로 강의 시작 1시간 전에 도착하여 강의 준비를 마쳤습니다. 그런데 사장님이 엘리베이터를 타고 올라오시니 나가서 인사를 드리자고 했습니다. 사장이 진짜 권위적이고 관료주의가 팽배한 회사일 것이라는 확신이 들었습니다. 그런데 CEO를 만나자마자 이런 고정관념은 한 방에 혹 날아갔습니다. 환한 웃음과 밝은 목소리로 환대하는 모습에 압도되었다고 해야 할지, 빨려 들어갔다 해야 할지, 아무튼 매료되었기 때문입니다. CEO는 제 손을 잡자마자 교육장 앞에 있는 작은 방으로 안내하더니 "오늘 교육 준비하신 것 있잖습니까? 저한테 전혀 신경 쓰지 마시고 소신껏 강의해 주세요"라고 부탁했습니다. 통상 이런 경우 경영자나 고위 임원들은 '직원들이 이런 저런 문제가 있으니 강의 시간에 언급해 달라'는 경우가 대부분인데, 그분은 전적으로 강사에게 일임했습니다. 덕분에 긴장하지 않고 정말 신바람 나게 강의할 수 있었습니다. 언론계 종사자들이니 객관적 사실만 언급해야 하고, 비판적이고 냉소적인 시각이 있을지 모르니 유의하라고 했던 교육 담당자의 부탁(?)이 있었지만 모두가 경청해 주었습니다. 그날 밤에는 직접 전화하셔서 강의에 대한 호평과 감사의 뜻을 전하시며 다른 직원들 강의도 부탁하셨습니다. 다른 회사에 강의를 소개해 주기도 하셨습니다. 알고 보니 그분은 전 직장에서 말단사원으로 입사하여 최고경영자에 올라 회사를 비약적으로 성장시킨 주인공이었습니다. 그분을 모셨던 직원에게 물어보니 회사에서도 직원들을 그렇게 환대하고 추진력도 강하여 직원들이 존경하고 따른다고 했습니다. 환대는 다른 사람을 나의 팬으로 만드는 능력이 있습니다.

## 본사 근무자는 환대의 달인이 되어야

모 회사의 지방 지점에 근무하는 영업사원 K는 전국 1등을 하여 본사에 가서 상을 받는 자신의 모습을 상상하며 열심히 고객을 찾아다녔습니다. 마침내 꿈을 이루어 본사의 월례 조회에서 상장과 상금을 받았습니다.

그런데 그것이 전부였습니다. '이런 대접 받으려고 그렇게 열심히 뛴 건가?'라는 생각에 돌아가는 열차 안에서 눈물을 흘렸습니다. 본사에 가면 따뜻하게 환영도 해주고, 축하파티는 아니더라도 1등에 대한 예우로 임원들과 오찬 또는 차라도 한잔 나눌 줄 알았는데, 달랑 상장과 상금을 받는 것으로 끝나니 몹시 섭섭했습니다. 어쩌면 그가 원했던 것은 상장이나 상금보다 인정과 환대였을 것입니다.

본사 직원들과 현장 근무자들을 구분하여 교육할 때가 있습니다. 오랫동안 강의하면서 관찰한 바로는 대부분의 업종에서 현장 근무자보다 본사 직원들의 리액션이 훨씬 약했습니다. 이런 특성을 가진 사람들이 본사에 많으면 본사에 갔다 상처를 받고 돌아오는 지사나 현장 직원들이 많을 것입니다.

현장을 모르고 요구만 하는 본사 직원들은 인기가 없습니다. 일선 현장에서 수고하는 직원들이 본사를 방문했을 때 잠깐이라도 시간을 내어 그들의 노고에 감사하고 어떤 애로가 있는지, 무엇을 도와주어야 하는지 물어보고, 떠날 때는 엘리베이터 앞에까지 가서 배웅해 준다면 인간관계도 좋아지고 업무도 원활해지는 일석이조의 혜택을 볼 수 있을 것입니다. 그런 직원들이 많은 본사라면 현장 직원들도 편하게 본사를 방문하고 싶을 것입니다. 적어도 본사를 방문한 직원이 '우리 회사가 아닌 것 같다'고 느끼게 하거나 '다시는 본사에 가나 봐라'라는 생각을 갖지 않도록 본사 직원은 환대의 달인이 되어야 할 것입니다.

## 세계적 거장의 마지막 제자가 된 비결

채동진 씨는 피아노 설계 전문가로 국제적으로 실력을 인정받아 한국에서 피아노 생산이 중단된 이후에도 중국 피아노 업체의 스카웃을 받았던 분입니다. 채 씨는 삼익악기에서 직장생활을 하며 피아노 설계를 배웠습니다. 당시 창업주인 이효익 회장은 세계적으로 인정받을 수 있는 피아노를 만들고 싶다는 생각에 독일을 방문하여 피아노 설계의 세계적 권위자 클라우스 훼너Klaus Fenner를 만나 삼고초려 끝에 1983년 클라우스 훼너 피아노 연구소와 기술제휴를 맺고 신제품을 개발하기 시작하여 2년 만에 세계적 음악 잡지 프랑스 '디아파종Diapason'에서 실시한 세계 피아노 품질 콘테스트에서 금상을 수상하며 국제적으로 인정받는 피아노 회사가 되었습니다.

당시 클라우스 훼너는 한국을 방문할 때마다 한 달 정도 머물며 기술 지도를 했습니다. 이때 그를 담당했던 직원이 바로 입사 4년 차의 채동진 씨였습니다. 세계적 권위자였기에 존경하는 마음으로 입국부터 출국 때까지 정성을 다해 모셨을 뿐 아니라 하나라도 철저하게 익혀보자는 생각에 정성껏 메모를 하며 피아노 설계 기술을 배웠습니다. 그런데 어느 날 훼너가 "이 나이에 내가 얼마나 더 일을 할 수 있을지 모르겠다. 미스터 채처럼 나를 환대해 준 사람을 본 적이 없다. 나의 기술 전부를 주겠다"라면서 자신이 축적했던 모든 데이터를 넘겨주었습니다. 이렇게 하여 채 씨는 세계 최고 권위자의 마지막 제자가 되었습니다. 치열하게 배우려는 열정과 지극정성으로 환대하는 채 씨에게 감동한 훼너는 평생 쌓아 온

지식과 기술을, 그것도 이방의 젊은이에게 주어야겠다고 결심한 것입니다. 세계 최고의 장인이 평생 구축한 모든 지식을 다 주고 싶게 만든 힘은 다름 아닌 존중, 즉 '진정한 환대'였습니다.

## 관심을 받으려 하지 말고 관심을 주라

루피라는 이름을 가진 페키니즈 애완견을 키운 적이 있습니다. 세상을 떠난 지 여러 해가 지났지만 루피와 함께했던 14년 6개월은 참 행복했습니다. 귀가할 때마다 전심전력으로 뛰어나와 펄쩍펄쩍 뛰며 저를 맞이해 주었기 때문입니다. 문을 열고 들어가면 방에 있는 아들과 딸에게 멍멍 짖으며 '아빠가 왔는데 뭐 하고 있느냐'며 온 가족을 데리고 나와 환영 대열에 동참시키는 모습을 보며 저는 아들에게 "서양에서는 개에게 유산을 물려준다는 얘기가 있는데, 그 마음이 이해가 된다"고 했던 적이 있습니다. 루피는 주인이 외출하면 문 앞에서 주인을 기다렸고, 주인이 움직이면 어디를 가나 따라갔고, 외출하자고 하면 기쁨으로 함께했습니다. 심리학을 공부한 것도 아닌데, 사람의 마음을 사로잡는 비결은 '내가 관심을 받으려 하기보다 상대에게 관심을 기울이는 것에 있다'는 사실을 기가 막히게 잘 알았습니다.

인간관계에서도 마찬가지입니다. 요즘 갖가지 방법으로 타인에게 관심을 받으려고 노력하는 사람들이 많습니다. 관심이 온통 '나'입니다. 뉴욕의 한 통신사가 500통의 통화내역을 조사해 보니 '나'라는 단어와 관련된 말이 약 4천 개였다고 합니다. 기도를 해도 타인과 공동체를 위한 것보다 오로지 나와 가족을 위한 이기적인 기도가 많다고 합니다.

그런데 내가 생각하는 것보다 사람들은 나에게 그다지 관심이 없습니다. 여기에 귀한 통찰이 있습니다. 내가 먼저 상대에게 관심을 기울이는 것입니다. 스포트라이트를 나에게 비추기보다 상대에게 비추어 관심을 기울여 주는 사람이 훨씬 더 많은 친구를 얻을 수 있습니다. 뛰어난 세일 즈맨이나 리더들은 대부분 상대방이 어떤 사람인지, 무엇을 좋아하는지, 취미가 무엇인지 등 관심을 기울여 상대를 잘 아는 것에 탁월한 사람들 이었습니다.

타인이 당신에게 관심을 갖게 하기 위해 노력하는 2년보다 당신이 다른 사람에게 관심을 갖는 두 달 동안 더 많은 친구를 사귈 수 있다.
- 데일 카네기

# 3

## 옳음보다 친절을 선택하라

존중과 친절

# 옳음보다는
# 친절을 선택하라

## 사람들은 옳은 말을 좋아할까?

아이들을 다 키우고 나니 가장 후회되는 것이 친절한 말을 더 많이 해야 했는데 그러지 못했던 것입니다. 우리 아이들에게 들었던 말 중에 가장 아픈 말은 "아빠는 옳은 말씀을 참 기분 나쁘게 하시네"입니다.

자녀를 키우는 것은 참 힘든 일입니다. 어쩌면 세상에서 가장 어려운 일인지 모릅니다. 자녀들은 끊임없이 부모의 인내심을 테스트합니다. 부모와 자녀는 끊임없이 갈등하며 성장합니다. 부모들은 억울합니다. 자녀에게 잘못되라고 말한 적이 단 한 번도 없기 때문입니다. 거기에다 나보다는 더 나은 조건에서 살게 해주자며 많은 것을 희생하며 투자를 아끼지 않았으니 말입니다. 무심코 했던 수많은 말들이 있습니다.

'너는 도대체 왜 그러니?'

'뭐가 부족해서 그래!'

'너 위해서 하는 얘기지, 나 위해서 이러냐?'

'배가 불러서 그렇지!'

내 아이 잘되라고 했던 수많은 조언과 충고는 오히려 대부분 관계를 악화시키는, 허공을 때리는 소리에 불과했을지 모릅니다. 이것이 가정만의 문제일까요? 옳은 말이라고 해준 말들이 왕왕 마음을 떠나게 하여 결국 사람을 떠나게 합니다.

실은 사람들은 옳은 말보다는 호감이가는 사람의 말을 듣습니다. 그러니 먼저 좋은 사람이 되는 것이 중요합니다.

## 옳음보다 친절을 선택해야 하는 이유

저는 모태 기독교인으로서 지금까지 해온 행동 중에 가장 후회하는 것이 믿음이라는 이름으로 타인을 정죄하려 들었던 일들입니다. 돌이켜보면 특별히 잘못한 것도 아니었는데 말입니다. 하나님은 의(義)의 하나님이자 사랑의 하나님인데, 사랑은 잊어버리고 의만 붙잡은 결과입니다. 의를 추구하되 사랑을 더해야 진정한 크리스천으로 사는 것인데, 불균형한 삶을 살았던 것입니다. 예수님은 율법이 정한 규정대로 기계적으로 사신 분이 아니라 율법의 정신을 실천하신 분이었습니다. 그 정신의 본질은 사랑인데, 그분을 따른다 하면서 늘 사랑이 부족했던 것입니다.

대부분의 종교가 사랑과 자비를 강조합니다. 그런데 종교가 갈등과 전쟁의 원인이 되는 이유가 무엇일까요? 그것은 이른바 종교 근본주의 또는 원리주의와 관련이 있습니다. 이들은 경전의 내용을 문자 그대로 믿고 절대적으로 준수해야 한다고 생각합니다. 자신들의 생각과 다른 종교나 정치권력에 대해서는 신의 이름으로 무자비한 폭력을 가하며 자신들의 행위는 의롭다고 정당화하고 있습니다. 기독교 근본주의, 이슬람 근본주의, 힌두교 민족주의, 불교 정통주의, 유대교 근본주의 등이 바로 이러한 예에 해당할 것입니다.

이게 꼭 종교만의 문제일까요? 우리는 어릴 적부터 원칙, 규율, 제도를 존중하라는 가르침을 받아왔습니다. 물론 이런 것들을 잘 지켜야 합니다. 그런데 이런 것을 지나치게 강조하다 보면 사소한 잘못도 관대하게 넘기지 못하고 지적하고 비난하게 됩니다. 옳은 것을 지키라고 하는 일이기에 옳은 일일 수 있습니다. 그러나 거기에 친절함을 더하지 않는다면 옳은 말은 오히려 상처를 남기고 파국에 이르게 합니다.

옳음과 친절함을 선택해야 하는 상황이라면 친절함을 먼저 선택해야 겠습니다.


## 가장 가슴 아팠던 말

미국의 영화감독 소라야 마로니시Thoraya Maronesy가 운영하는 유튜브는 구독자가 162만 명이 넘을 정도로 전 세계인의 사랑을 받고 있습니다. 그중 30여 명의 출연자가 남들로부터 들은 가장 가슴 아팠던 말을 털어놓는 내용이 있습니다. 조회수가 1400만을 넘을 정도로 공감을 일으키고 있습니다.

영상은 10대 소년의 사연으로 시작합니다. 이 소년에게 가장 고통스러웠던 말은 "3개월 밖에 더 살지 못한다"는 것이었다고 합니다. 담당 의사가 백혈병에 걸린 아이에게 해준 말이라고 하는데, 그는 "태어나 고작 10년 남짓 살았는데 이런 말을 들었다"고 했습니다. 얼마나 그 말이 아팠을까요?

한 남성은 아버지와 심하게 다투었는데, "너를 아들로 둔 것이 창피하다"라는 한마디가 큰 충격을 남겼다고 합니다.

한 아이의 엄마인 한 여성은 초등학교 4학년 때 끙끙대며 산수 숙제를 하고 있는데 엄마가 무심코 "너는 왜 그렇게 똑똑하지를 못하니"라고 했던 말을 듣고 그 충격에서 아직도 헤어나오지 못하고 있다고 합니다.

한 남성은 아버지가 "너는 어찌하다 보니 '사고'로 생긴 것 같다"고 한 말이 성인이 된 지금도 여전히 섭섭하고 야속하다고 합니다.

"너랑은 떨어져 있는 게 정신건강에 좋다니까!"

"너는 옆에 있으면 피곤한 스타일이야!"

"너 같은 애를 누가 좋아해 주겠냐!"

이런 말들이 성인이 된 후에도 상처로 남아 있다고 합니다.

남의 나라의 얘기일까요? 우리의 가정에서, 학교에서, 직장에서는 어떤가요?

아무 생각 없이 던졌던 한마디가 누군가에게는 비수가 되어 오늘도 그 상처를 안고 살아가게 하는 것은 아닌지 돌아볼 일입니다.

당신에게 가장 가슴 아픈 말은 무엇이었습니까?

당신이 타인에게 던진 가슴 아픈 말은 무엇이었습니까?

타인에게 친절하라. 그대가 만나는 모든 사람은 현재 그들의 삶에서 가장 힘겨운 싸움을 하고 있기 때문이다.
- 플라톤

# 충조평판,
# 절대로 하지 말자

## 충고와 훈계는 백전백패다

한 학생이 학교 복도에서 술에 취하여 비틀거리고 있었습니다. 어떤 일
이 벌어졌을까요? (제가 학생 때라면 거의 반 죽도록 맞았을 것입니다.) 예상대
로 '문제 학생'을 혼내는 선생님의 목소리로 시끌시끌했습니다. 시끄러운
소리에 복도로 나온 교장 선생님은 학생을 교장실로 데려가 물을 한잔
주면서 속사정을 물었습니다. 이야기를 들어보니 갈빗집에서 아르바이
트를 하다가 손님들이 주는 술을 받아 마시고 취하여 집으로 가야 할지
학교에 가야 할지 고민하다 학교에 온 것이었습니다. 잠깐의 대화를 통
해 학생은 술을 먹고 취해서 학교에 온 학생에서 힘들게 일하고 등교한

학생으로 바뀌었습니다. 교장 선생님은 이때 겉모습으로 함부로 판단하지 말자는 큰 깨달음을 얻었습니다. 이분은 '문제아들의 교장'으로 불리는 전 아현산업정보학교 방승호 교장입니다.

한 언론사와의 인터뷰에서 방승호 교장은 이 학교에 교감으로 부임했을 때의 광경을 "오토바이 훔친 놈, 담배 피우다 걸린 놈, 뭐 잘못한 놈이 득시글했어요"라고 표현했습니다. 그때 마음이 어땠을지 짐작이 되고 남습니다.

방 교장은 공부가 제일 싫다는 학생, 밤새 게임하는 학생, 수업 시간에 자는 학생, 꿈 없이 방황하는 학생을 1만 명 이상 상담했습니다. 상담하면서 "너는 왜 그랬니?", "문제가 뭐야?", "반성문 써와라"라고 하지 않았습니다. 초코파이를 주고 함께 팔씨름을 하거나 동전 찾기 게임을 하면서 일단 놀아 주는 등 몸으로 부딪치면서 공감대를 형성했습니다. 그러자 아이들의 마음이 열렸습니다. 이른바 '모험놀이'를 통해 학생들은 과거나 어떤 상황에서 벗어나 지금 이 순간을 만나고 있었던 것입니다. 학생들은 어릴 때 뭘 좋아했는지, 꿈이 뭔지, 뭘 하고 싶은지 내면의 소리를 듣게 되었습니다.

방 교장은 그 학교에 오는 학생들을 다 천재라고 합니다. 학교 공부는 못 하지만 노래나 게임 등에 재능이 있는 아이들이 자신의 재능을 발견하고 마음껏 누리게 했습니다. 상담을 해보니 공부 포기하고 가는 곳이 남학생은 90% PC방이라는 사실을 알고 교내에 PC방(e스포츠학과)을 마련하자 준(準)프로 실력자들이 생겨나 전국 대회 우승까지 했습니다. e스포츠학과 학생들은 낮에 하루 종일 학교에서 게임을 하자 오히려 집에서는 밤에 게임을 하지 않고 잠을 잤습니다. 전에는 잠 안 잔다고 허구한 날 부모와 싸우던 아이들이 정상적인 생활을 하게 되었습니다. 게임에 미친 아이들을 인정하고 격려하자 엄청난 일이 일어난 것입니다. 가수 휘성, 박효신, 환희 같은 스타를 배출하기도 했습니다. 학생들이 각자의 관심과 재능을 발견하게 하고 인정하고 격려함으로써 공부가 아닌 다른 분야에서 최고가 될 수 있다는 것을 보여준 것입니다.

방 교장은 우스꽝스러운 탈이나 가발을 쓰고 학생들과 소통하기도 했습니다. 그렇다고 자신이 하는 바를 교사들에게도 강요하거나 눈치를 주지도 않습니다. 교사들에게 자율성을 주어 행정에 소모할 에너지를 학생들에게 쏟아붓게 했습니다. 요리과 선생님이 연말에 자발적으로 돼지 해체쇼를 마련하여 '이 부위는 족발', '저건 갈매기살', '이건 항정살'…이렇게 설명을 하자 아이들은 탄성을 질렀습니다. 학생들은 그런 경험을 잊을 수 없을 것입니다.

2020 핀란드 헬싱키국제교육영화제가 한국 영화 '스쿨 오브 락(樂)'을 초대했습니다. 이 영화의 주인공이 바로 방승호 교장과 아현산업직업학교입니다. 한동안 핀란드 교육을 배우자고 아우성이었는데, 핀란드에서 우리 교육의 성공모델을 배우겠다고 초대했다니 놀라운 일입니다.

교실에서 하루 5시간 이상 엎드려 잘 수 있는 능력자만 오는 곳인데, 방 교장의 눈에는 모두 천재였습니다. 존중의 시각으로 다시 보자 나타난 기적입니다. 방 교장의 시각에서는 '문제 학생'은 없었습니다. 문제아로 보는 어른만 있었던 것입니다. 방 교장은 교육에서 훈계나 충고는 백전백패라고 말합니다.

아이들을 변화시킨 힘은 옳은 말이 아니라 아이들 안에 숨겨진 보석 같은 잠재력을 발견하고 인정해 주는 것이었습니다. 결국 교육 문제의 열쇠 또한 존중의 회복에 있을 것입니다.

## 옳은 말이 더 폭력적이다

대기업에 막 입사한 후배가 회사 생활이 힘들다면서 그만두겠다고 한다면 어떤 말을 해줄 수 있을까요?

"회사 생활이 다 그런 거지. 월급 그냥 주는지 알았냐? 직장 생활은 견디는 거야!"

"'아프니까 청춘이다'라는 말 못 들어 봤어?"

"넌 아무래도 부족함 없이 커서 인내심이 없는 것 같다. 그런 마음으로 어딜 간들 직장생활 제대로 하겠냐?"

"회사는 다 비슷해. 별다른 회사가 있는 줄 아니? 어디 옮겨 봐라. 또 그 소리 할 거다."

혹시 이런 말을 한 적 없는지요? 이른바 충조평판(忠助評判), 즉 충고, 조언, 평가, 판단의 말들입니다. 나는 아닐 것이라고 생각할지 모르지만 일반인이 하는 말의 90%, 부모가 자녀에게 하는 말의 99%는 충조평판이라고 합니다. 심지어 전문 상담가 중에도 이런 말을 하면서 상담하는 경우가 많다고 합니다.

정혜신 박사는 자신의 저서 『당신이 옳다』에서 충조평판을 하지 않는 것만으로도 공감이 시작된다고 하면서 "충조평판을 많이 하는 이유는 그것이 도움이 될 것이라 믿어서라기보다 아는 게 그것밖에 없어서"라고 지적합니다.

그녀는 또한 "누군가의 속마음을 들을 땐 충조평판을 하지 말아야 한다. '충조평판'의 다른 말은 '바른말'이다. 바른말은 의외로 폭력적이다. 나는 욕설에 찔려 넘어진 사람보다 바른말에 쓰러진 사람을 과장해서 한만 배쯤은 더 많이 봤다. 사실이다"라고 했습니다. 가슴이 뜨끔해지는 순간이었습니다.

그렇다면 왜 사람들은 이렇게 충조평판을 많이 하는지, 그리고 왜 옳다고 하는 말들이 폭력적인지 한번 살펴보겠습니다.

**첫째, 나르시시즘Narcissism, 즉 잘못된 심리적 우월의식입니다.**

한마디로 '나 이런 사람이야', '나 좀 알아봐 줘', '내가 어떤 사람인데' 하면서 내가 당신보다 낫다고 생각하는 마음입니다. 상대방은 무시당했다는 생각에 불쾌하게 됩니다.

**둘째, 상대방에게 심리적 압박을 줍니다.**

충조평판의 말을 하는 사람은 상대가 따라야 된다고 생각하고, 그 말을 듣는 사람은 억지로라도 따라야 한다는, 경우에 따라서는 따를 수 없는데 어떻게 거절해야 할지 심리적 압박을 받게 됩니다. 충조평판을 하는 사람은 상대방이 자신의 얘기를 받아들이지 않았을 때 무시당했다는 생각이 들어 속이 상할 수도 있습니다.

**셋째, 충조평판의 내용이 옳지 않을 수 있습니다.**

우리가 알고 있는 것들의 상당수는 불완전합니다. 공연히 충조평판했다가 문제를 그르치고 망신을 당할지도 모르는 일입니다.

**넷째, 받아들이는 사람의 마음 그릇이 작을 수 있습니다.**

성격적으로 충조평판을 못 받아들이는 사람이 있습니다. 지식과 경험의 양이나 직급은 마음 그릇의 크기와 반드시 비례하지 않습니다. '어디서 가르치려고…' 하며 강하게 저항할지 모릅니다. 아마 다수가 그럴 것입니다.

**다섯째, 신뢰가 없는 상태에서는 치명적일 수 있습니다.**

친밀한 관계에서도 조심해야 할 것이 충조평판입니다. 더구나 신뢰가 형성되지 않은 관계에서 충조평판을 한다는 것은 위험합니다.

그러고 보니 충조평판을 해서 덕을 볼 게 거의 없습니다. "넌 왜 나를 무시하는 충고를 하니?"라고 하자 상대방이 "넌 왜 나의 충고를 무시하니?"라고 했다고 합니다. 충고를 많이 하는 사람들은 대부분 타인의 충고를 받아들이지 못하고 오히려 화를 내는 경향이 있습니다. 충고를 하려거든 남들이 나에게 충고를 했을 때 어떤 감정이었는지 생각해 보면 좋을 것 같습니다.

혹시 살아오면서 절벽에 선 마음으로 다가온 사람에게 충조평판을 날리면서 상처받은 가슴에 소금을 뿌렸던 적은 없는지 깊이 성찰해 보아야 할 것 같습니다.

## 판단은 치명적 위험을 초래한다

아내가 아이를 낳다가 출혈이 심해 아이만 남기고 세상을 떠나자 혼자된 남편 스미스(가명)는 아들 브라운을 애지중지 키웠습니다. 일을 해야했기에 아이를 돌봐 줄 유모를 알아보았지만 사람을 구하지 못했습니다. 어쩔 수 없이 외출할 때는 똑똑한 반려견을 들여 아이를 돌보게 하자고 생각했습니다. 마침 제법 훈련이 잘된 덩치가 큰 개를 입양했습니다. 이름도 수호자라는 의미에서 가디언Guardian(가명)으로 지어주었습니다. 가디언이 얼마나 영리한지 아이를 잘 보호하여 매우 흡족했습니다. 점차 가디언에게 브라운을 맡기고 외출하는 일이 많아졌습니다.

그러던 어느 날, 스미스는 여느 때처럼 가디언에게 아이를 맡기고 집을 나섰는데 뜻밖의 사정이 생겨 늦게 귀가했습니다.

아빠는 헐레벌떡 집안으로 들어서며 '브라운! 아빠 왔다' 하며 아이의 이름을 불렀습니다. 주인의 목소리를 듣고 가디언이 반갑게 꼬리를 흔들며 맞이했습니다. 온몸에 피가 묻어 있고 몹시 지쳐 보였습니다. 불길한 예감이 든 남자는 아이가 있는 방문을 급하게 열었습니다. 그런데 거기에는 있어야 할 브라운이 없었습니다. 방바닥과 벽은 온통 피투성이였습니다. 극도로 흥분한 스미스는 "내가 없는 사이에 이놈이 아들을 물어 죽였어"라고 소리치며 그만 총을 꺼내 가디언을 쏴 죽여버렸습니다.

그때 방에서 아이의 울음소리가 들려왔습니다. 달려가 보니 침대 구석에 아이가 공포에 질린 얼굴을 한 채 울먹이고 있었습니다.

'내가 무슨 짓을 한 거지?' 당황한 스미스는 밖으로 뛰쳐나와 죽은 개를 자세히 살펴보았습니다. 개의 다리에는 맹수에 물린 이빨 자국이 선명했습니다. 뒷마당에 가 보니 늑대의 시체가 있었습니다.

가디언은 죽을힘을 다해 늑대와 혈투를 벌여 브라운을 지켜낸 것이었습니다. 그렇게 충직한 개를 자신이 죽였다는 사실에 오열하며 껴안고 흔들었지만 이미 가디언은 더 이상 숨을 쉬지 않았습니다. 스미스는 이미 차가워진 가디언을 안고 울부짖었습니다. (작자 미상, 재구성)


미국 알래스카에서 실제로 있었던 일이라고 합니다. 우리가 살아가면서 이런 실수를 하는 경우가 얼마나 많은지 돌아보게 하는 이야기입니다. 판단은 치명적인 실수를 초래할 가능성이 높습니다.

누군가를 판단하고 나면 스미스가 분별력을 잃은 것처럼 상대방의 진실된 모습이 보이지 않게 됩니다. 누군가를 고집이 세다고 판단한 순간부터 그가 하는 모든 행동을 '고집이 세서 저렇게 말하고 행동한다'고 배경을 깔고 해석하게 되는 것과 같은 이치입니다.

인간관계에서 발생하는 대부분의 문제는 어쩌면 함부로 판단하는 데에서 비롯되는 것인지도 모릅니다. '내 판단은 옳다'는 말을 입에 달고 사는 사람일수록 이런 실수를 범할 가능성이 높습니다.

세상에는 사실을 사실대로 묘사하는 사람이 있고, 사실에 자신의 직관과 경험, 지식을 더해 판단하는 사람이 있습니다. 그런데 그 경험과 지식이라는 것이 얼마나 제한적인가요?

그러니 누군가를 함부로 판단하는 것이 얼마나 위험한 일인가요? 하나님도 사람을 죽기 전에는 심판하지 않는다고 합니다. 그런데 우리는 살면서 얼마나 많은 사람을 판단하고 사는지 모르겠습니다. 우리에게 누군가를 판단할 자격이 있을까요?

# 감정은
# 존재의 핵심

## 엄마 가슴을 깨부숴 버리고 싶다는 아이

"엄마, 난 엄마 가슴을 깨부숴 버리고 싶어."

어느 날 다섯 살 된 아들이 엄마에게 이렇게 말했다면 여러분은 어떤 반응을 보였을까요?

아마 "그건 나쁜 말이야. 그런 말 하면 안 돼", "어린 녀석이 무슨 말버 릇이야", "어디서 그런 나쁜 말을 배운 거야", "내가 그런 말 하라고 가르 쳤어?" 등등의 말이 떠오르실지 모르겠습니다.

마침 이 엄마는 정혜신 박사의 책 『당신이 옳다』에서 아이의 감정을 무 시하지 말고 어떤 감정인지 물어야 한다는 내용을 읽은 터라 아이에게 왜 그런 생각을 하는지 묻기로 했습니다.

　엄마 : "어떤 마음이 든 건데? 왜 엄마 가슴을 깨부숴 버리고 싶어졌어?"

　아들 : "엄마 가슴 안에 뭐가 들었는지 보고 싶어."

　엄마 : "뭐가 있을 것 같은데?"

　아이가 뭐라고 대답했을까요?

　아이는 "밥하고 물하고 하트가 있을 것 같아"라고 대답을 했다고 합니다. 이 얼마나 아름답고 건강한 대화인가요? 질문을 하지 않았더라면 아이에게서 이런 말을 어떻게 들을 수 있었을까요?

　아이는 마음속에서 날마다 밥을 해주고, 설거지를 하고, 빨래를 하는 엄마를 떠올렸던 게지요.

　'마음이 어때?', '왜 그런 마음을 갖게 됐어?'와 같은 질문 하나만 제대로 활용할 줄 알았다면 인간관계에서 오는 수많은 문제들을 방지하거나 해결할 수 있었을 텐데, 라는 생각을 해봅니다.

　우리는 무심코 상대방의 감정을 무시할 때가 많습니다. 생각이 다르다고, 어리다고, 모른다고, 안 해봤다고, 틀렸다고 하면서 말입니다. 어느 누구도 남의 감정을 함부로 무시해서는 안 됩니다. 이것이 존중의 기초입니다.

　존중의 실천에 감정이 중요한 이유는 감정이야말로 존재의 핵심이기 때문입니다. 나는 누구인가, 라는 질문을 받은 적이 있을 것입니다. 그때 뭐라고 적었거나 말했던 내용이 진정으로 나를 표현한 것이었을까요?

　흔히 이런 질문의 답으로 나오는 가치관, 취미, 출신 학교, 종교, 고향 이런 것들이 나를 얼마나 설명할 수 있을까요? 이것은 사람을 설명하는 하나의 단서는 될 수 있을지 모르지만 온전하게 설명할 수는 없습니다. 가치관이야말로 인간의 진정한 모습이라고 말하기도 하지만 어쩌면 그것은 어느 책에서 읽었거나 강의에서 들은 내용 혹은 존경하는 사람이 했던 말 중에 '좋다'고 하면서 내 것으로 가져온 것인지 모릅니다. 감정만이 그 사람을 온전히 설명할 수 있습니다.

가끔 누군가를 만났을 때 어제 본 그 사람이 아닌 경우가 있습니다. 어제의 감정과 오늘의 감정이 다르기 때문입니다. 그러니 우리가 주목해야할 것은 지금 내 앞에 있는 사람의 감정이 무엇인지를 아는 노력입니다. 그것이 바로 관계를 풀어나가는 열쇠이자 그 사람을 존중하는 출발점입니다.

# 어떻게
# 배려할 것인가

## 하마터면 도둑이 될 뻔했던 소년

저는 배려가 얼마나 중요한 것인지를 중학교 2학년 때 담임 선생님으로부터 배웠습니다. 짝이 새 필통을 산 것을 보고 장난기가 발동하여 필통을 슬쩍 제 책상 서랍에 옮겨 놓았습니다. 그 친구가 어떤 반응을 보일지 궁금했습니다. 그런데 갑자기 담임 선생님이 들어오시더니 내 짝이 필통을 잃어버렸다고 하는데 가져간 친구는 돌려주라고 했습니다. 그 친구가 필통을 잃어버렸다고 선생님께 말씀드린 것이지요. 당시만 해도 선생님의 권력은 절대적이어서 이런 일이 있을 때 마음만 먹으면 학생의 가방을 뒤지는 일은 아무렇지도 않게 할 수 있는 시절이었습니다. 저는 들키면 영락없이 필통을 훔친 도둑이 될 수밖에 없는 상황이었습니다. 나름 선생님들에게 모범생이라고 칭찬을 받고 있었는데 그때까지 쌓아 놓은 모든 평판을 잃을 수 있다는 생각에 가슴이 조마조마하고 콩닥콩닥 뛰기 시작했습니다.

그런데 선생님은 "나는 가방을 뒤지는 일은 하지 않겠다. 여러분의 양심을 믿으니 혹시 필통을 가져간 친구가 있으면 나 모르게 돌려주기 바란다"라고 말씀을 하신 후 교실을 나가셨습니다. "휴!" 하고 가슴을 쓸어내렸습니다. 선생님은 누군가의 가방에서 필통이 나오는 상황을 보고 싶지 않으셨던 것입니다. 필통이 나오면 제자를 제자로 보는 것이 아니라 도둑으로 바라보게 된다는 것이 괴로우셨던 것입니다. 그때 비록 어린 나이였지만 앞으로 살아가면서 선생님처럼 배려하는 삶을 살자 결심했습니다. 선생님은 배려하라고 말씀을 하지 않으셨지만 행동으로 배려의 가치를 가르쳐주신 최고의 스승이셨습니다.

## 위대한 경영자의 배려

한 대기업의 회장이 구내식당으로 손님들을 초대했습니다. 일행 여섯 명은 다 같이 스테이크를 주문했습니다. 식사가 거의 끝날 즈음 회장은 비서에게 스테이크를 요리한 주방장을 모셔오라고 했습니다.

비서는 회장이 스테이크를 절반밖에 먹지 않은 것을 보고 심상치 않은 일이 벌어지지 않을까 걱정했습니다. 부름을 받고 달려온 주방장은 떨리는 목소리로 "스테이크에 무슨 문제라도 있었습니까?" 하고 물었습니다.

"아닐세, 난 오늘 이렇게 음식을 절반이나 남겼네. 자네의 요리는 최고 였네. 문제는 내 입맛이지. 이제 여든이 넘으니 식욕이 예전 같지 않아, 혹시나 이 접시를 보고 자네가 불편해할 것 같아 불렀다네. 내가 음식을 남긴 이유를 알려주려고 말일세"라고 회장은 대답했습니다.

이 이야기의 주인공은 파나소닉의 설립자 마쓰시타 고노스케 회장입니다. 마쓰시타 회장이 왜 일본인들에게 '경영의 신(神)'으로 추앙받고 있는지를 알 수 있게 하는 일화입니다. 그가 기업의 외형을 성장시키는 데만 관심이 있고 직원들을 존중하지 않았다면 그런 별명을 얻지 못했을 것입니다. 그는 경영을 단순한 '돈벌이'가 아니라 사람들의 행복에 기여하는 가치 있는 종합예술로 여겼고, 경영자가 직원들을 진심으로 아낀다면 나태했던 직원도 자극을 받아 열심히 일해서 업무 효율성이 높아질 것이라는 신념을 갖고 함께 일하는 직원들을 가족처럼 존중하고 더불어 성과를 만들어낸 분이었습니다.

모 기업의 CEO와 영상 촬영 작업을 한 적이 있었습니다. CEO가 원고를 낭독하기만 하면 되는 일이었는데, 낭독 중에 말이 꼬이자 "원고를 이따위로 써 가지고 말이야" 하면서 고함을 치는 바람에 직원들은 물론 촬영을 위해 동원된 외부 관계자들까지 초긴장 상태에서 작업을 마친 적이 있습니다. 작업이 끝난 후 "내가 원래 이래… 놀랐나?" 하셨습니다. 남들한테 상처 다 주고 나서 본인은 아무렇지도 않다고 하시니 참 난처했습니다. 고노스케 회장과는 너무나 비교되는 그림이었습니다.

## 어린이들이 찾은 배려의 시간

"시간도 없는데 배려를 어떻게 해요?"
그러면 우리는 말합니다.
1분이면 된다고….

하루 1440분
당신은 이 많은 시간
단 1분이라도 배려해 보신 적이 있으십니까?

목마른 친구에게 물 주기 2초
결석한 친구에게 숙제 알려주기 5초
친구 우유 박스 같이 들어주기 30초
더워하는 친구에게 부채 빌려주기 3초
공차는 법 모르는 친구에게 공차는 법 알려주기 7초
아픈 친구 부축해 주기 9초
떨어진 친구 실내화 가방 주워주기 3초
손 다친 친구 급식 받아주기 7초
'같이 축구하자' 말하기 2초
혼자 청소하는 친구 도와주기 9초
바쁜 친구 의자 올려주기 5초
조는 친구 깨워주기 2초

내 교과서 꺼낼 때 친구 교과서도 꺼내주기 8초

하루에 1분, 그 정도면 충분합니다.

'율현초등학교 6학년 4반, 배려'라는 제목으로 어린이들이 제작하여 유튜브에 올린 영상의 내용입니다. 이 학교는 어린이들이 일상에서 배려할 수 있는 일들로 어떤 것들이 있을지 찾아 영상으로 만드는 콘테스트를 하였던 것입니다. 이 프로젝트에 참여했던 어린이들은 배려를 잘 실천할 것이라는 믿음이 생깁니다. 이렇게 배려를 생각하다 보면 행동 속에 배려가 내재화될 테니 말입니다. 남녀노소 누구나 배려할 이유와 배려할 것들을 찾으면 얼마나 많을까요? 아이들은 다시 우리에게 묻습니다.

당신들은 삶에서 얼마나 배려할 수 있느냐고 말입니다.

# 공감과
# 친절의 힘

## 공감과 친절은 한 짝이다

SNS에 작자 미상의 글로 공유되는 사례인데, 좀 오래된 이야기이긴 하지만 내용 자체가 교훈적이어서 요약하여 소개합니다.

초등학교 교사인 강미영(가명) 선생은 개학 날 담임을 맡은 반 아이들에게 모두를 똑같이 사랑한다고 말했습니다. 하지만 그 말은 지킬 수 없는 약속이었습니다. 부모도 자식을 똑같이 사랑하기가 참으로 어려운 일이니까요.

강 선생은 교실 맨 앞자리에 구부정하게 앉아 있는 박영수라는 아이가 영 마음에 들지 않았습니다. 친구들과 잘 어울리지 못하고 얼굴도 머리도 단정하지 못한 걸 보니 잘 씻지도 않는 모양이었습니다. 제자들을 공평하게 사랑하자고 결심은 했지만 사실 그런 영수가 싫었습니다. 아니 미워했습니다. 영수가 제출한 시험지에 X표를 긋고 크게 빵점이라고 동그라미를 그리는 일을 즐기는 지경에 이르렀습니다. 그런데 반전의 계기가 된 사건이 있었습니다. 그 학교에는 담임은 반 아이들의 지난 학년 생활기록부를 전부 보아야 한다는 규칙이 있었습니다. 강 선생은 영수의 기록에는 '뭐 별것 있겠어'라는 생각이 들어 다른 아이들 것을 먼저 본 후 마지막으로 영수의 생활기록부를 읽어 내려가다가 가슴이 턱 막혔습니다.

원래 영수는 잘 웃고 밝은 아이로, 예절이 바르고 일을 깔끔하게 잘 처리해서 선생님도 좋아하고 친구들도 많았던 아이였습니다. 그런데 2학년 때부터 엄마가 불치병을 앓다가 다음 해에 돌아가셨고, 아버지는 영수를 잘 돌보지 않았다고 적혀 있었습니다. 4학년이 되어서는 학교생활에 관심이 적어져서 수업 시간에 잠을 자고 친구들과도 잘 지내지 못한다는 사실을 알게 되었습니다.

강 선생은 비로소 영수를 이해하게 되었고, '지금까지 내가 영수에게 무슨 짓을 한 건가?'라는 생각에 눈물을 흘렸습니다.

그때만 해도 학교에서 크리스마스 선물을 주고받던 시절이었는데, 아이들은 예쁘고 화려한 포장지에 선물을 담아 왔습니다. 영수도 식료품을 담는 누런색 봉투에 선물을 넣어 가지고 왔습니다. 강 선생은 영수의 선물을 가장 먼저 열어 보았습니다. 알이 몇 개 빠진 가짜 다이아몬드 팔찌와 1/4 정도 차 있는 향수병이 나왔습니다. 반 아이들은 그 광경을 보고

웃음을 터뜨렸습니다. 아마 비웃음이었을 것입니다.

강 선생은 "정말 예쁘다"며 팔찌를 차고 "향수 냄새가 좋은데 좀 뿌려볼까?" 하면서 손목에 향수를 뿌렸습니다. 순간 아이들의 비웃음이 잦아들었습니다.

그날 영수는 방과 후에 강 선생에게 "선생님, 오늘 우리 엄마에게서 나던 향기가 선생님에게서 났어요"라고 말했습니다.

강 선생은 아이들이 돌아간 후 한 시간 가까이 울었습니다.

강 선생은 이제부터 지식을 가르치는 교사가 아니라 진심으로 아이들을 위하는 마음으로 아이들을 대하고 가르치는 교사가 되자고 결심했습니다. 특히 영수에 대해서는 특별한 마음으로 보살펴 주었습니다.

영수를 칭찬하고 격려하는 일이 많아지자 영수도 눈빛이 살아나고 활기찬 모습을 회복하여 공부에 흥미를 갖기 시작했습니다. 그해 말에는 반에서 가장 공부를 잘하는 아이가 되었습니다. 그로부터 1년 후 졸업을 앞둔 어느 날 교무실 문 아래에 "강미영 선생님은 제 평생에 최고의 선생님이었습니다"라고 쓴 쪽지를 발견했습니다. 영수가 쓴 것이었습니다.

6년 후 영수에게서 편지가 왔습니다. 고등학교를 2등으로 졸업했으며 강미영 선생님이야말로 자기 평생 최고의 선생님이라는 내용이었습니다.

그로부터 4년 후에는 '대학 졸업 후에 공부를 더 하기로 마음먹었다'는 편지를 받았습니다. 여전히 '강미영 선생님은 제 평생 최고의 선생님이었고 가장 좋아하고 존경하는 선생님'이라 적혀 있었습니다.

또 몇 년이 지난 어느 날 영수에게서 편지가 왔습니다. 이번에는 이름

앞에 Dr가 붙어 있었습니다. 열심히 공부하여 의사가 된 것이었습니다.

그리고 그해 봄 사랑하는 연인을 만나 결혼을 하게 된 영수는 '이미 부모님은 다 돌아가셨으니 가장 존경하고 좋아하는 최고의 강미영 선생님께서 결혼식에서 어머니의 역할을 해달라'고 부탁했습니다. 강 선생은 기쁜 마음으로 그렇게 하겠다고 승락했습니다.

강 선생은 영수가 전해 준 가짜 다이아몬드 팔찌를 차고 영수 엄마가 좋아했다는 그 향수를 뿌리고 결혼식에 갔습니다.

서로 포옹하고 난 뒤 영수는 강미영 선생님에게 "선생님, 절 믿어주셔서 감사합니다. 제가 중요한 사람이라고 생각할 수 있게 해주셔서, 그리고 제가 훌륭한 일을 해낼 수 있다는 걸 알게 해주셔서 정말 감사합니다."라고 말했습니다.

강 선생은 하염없이 눈물을 흘리며 "영수야, 너는 완전히 잘못 알고 있구나. 내가 훌륭한 일을 해낼 수 있다는 걸 알려준 사람이 바로 너란다. 널 만나기 전까지는 가르치는 법을 전혀 몰랐거든!"이라고 속삭였습니다.

상대를 이해하기 전과 후의 강미영 선생은 전혀 다른 사람이 되었습니다. 공감이 평범함과 위대함을 가른 것이었습니다.

모든 행동에는 이유가 있습니다. 어떤 분이 지하철 안에서 두 자녀가 심하게 떠들고 노는데도 아이들을 나무라지 않는 엄마를 보고 '뭐 저런 엄마가 다 있나' 비난하고 싶었다고 합니다. 그런데 알고 보니 그 여인은 남편의 장례식을 치르고 오는 길이었다는 얘기를 듣고 너무 미안하고 안쓰러웠다는 얘기를 들은 적이 있습니다. 이런 사연을 알게 되었다면 우리는 누구나 친절해질 수밖에 없을 것입니다.

우리는 타인의 행동 이면에 어떤 사연이 있는지 알려고 하지 않고 단지 행동만으로 사람을 판단하고 비난하는 경우가 얼마나 많은지 모릅니다. 공감과 친절은 떼려야 뗄 수 없는 관계입니다. 우리는 공감을 통해 타인의 생각과 감정을 이해하고 느끼게 되는데, 이렇게 타인의 경험 속으로 들어가다 보면 그것이 친절의 토대가 됩니다. 또한 친절하고 진실하게 상대방을 대할 때 비로소 그 사람의 입장에서 공감할 수 있기 때문입니다. 그러한 면에서 공감과 친절은 한 짝입니다.

## 공감과 친절은 비즈니스 성공의 자양분

한 여성이 병석에 누운 어머니를 위해 온라인 신발 쇼핑몰에서 신발을 구입했습니다. 하지만 어머니는 병세가 악화되어 그만 그 신발을 신어보지도 못하고 세상을 떠나셨습니다. 장례를 마친 후 어머니의 유품을 정리하고 있는데 신발을 구입한 쇼핑몰에서 이메일 한 통이 도착했습니다. 구입한 신발이 잘 맞는지, 마음에 드는지 묻는 이메일이었습니다.

그렇지 않아도 반품해야겠다고 생각은 하고 있었지만 장례식 때문에 경황이 없었는데 겨우 정신을 차리고 이메일에 답장을 보냈습니다.

"병든 어머니에게 드리기 위해 구두를 샀던 것인데 어머니가 그만 돌아가셨습니다. 너무 갑작스러운 일이라 신발을 반품할 기회를 놓쳐버렸습니다. 그렇지만 이제 어머니가 안 계시니 이 신발을 꼭 반품하고 싶습니다. 조금만 기다려주시면 안 될까요?"

그러자 그 회사에서는 곧바로 택배 직원을 집으로 보내 반품 처리를 해주었을 뿐 아니라 어머니를 잃은 슬픔을 위로하는 조화와 카드를 함께 보냈습니다.

밑지는 장사를 한 그 회사의 파격적인 서비스를 받은 그 여성은 신선한 충격과 함께 큰 감동을 받았습니다. 그녀는 당시 받은 감동을 자신의 블로그에 올렸습니다.

"감동 때문에 눈물이 멈추지 않았습니다. 제가 다른 사람의 친절에 약하긴 하지만, 지금까지 받아본 친절 중에서 가장 감동적이었습니다. 혹시 인터넷에서 신발을 사려고 한다면 이 회사를 적극 추천합니다."

여러분이 이런 글을 읽었다면 어떻게 하였을까요? 예상대로 이 사연을 읽고 감동한 네티즌들이 SNS를 통해 퍼 나르기 시작했습니다. 소규모의 인터넷쇼핑몰이 화제의 기업으로 주목받기 시작하는 순간이었습니다. 이후 이 회사는 한 해에 1300%라는 경이적인 성장률을 기록할 정도로 폭발적인 성장세를 이어갔습니다.

이 쇼핑몰은 1999년 단돈 1만 5천 달러의 창업자금으로 시작한 소규모 기업이었는데 10년 만인 2009년에 아마존은 이 회사를 거금 12억 달러를 주고 인수하여 세계를 놀라게 했습니다. 이 회사는 바로 그 이름도 유명한 자포스Zappos입니다.

위의 이야기는 자포스가 성공한 이유를 대표하는 가장 유명한 사례로 널리 회자되고 있습니다. 당시 자포스의 정책에는 반품할 경우 요금은 무료지만 고객이 직접 택배를 불러서 물건을 보내야 했습니다. 하지만 회사의 정책을 어기면서까지 그녀의 집으로 직접 택배를 보낼 수 있었던 것은 담당 직원이 고객의 입장에서 생각(공감)하고 행동할 수 있었기에 가능한 일이었습니다. 물론 그렇게 할 수 있도록 직원들에게 자유를 준 경영자의 확고한 철학도 있었지만 말입니다.

자포스에는 흔히 일반적인 기업의 콜센터에서 볼 수 있는 것처럼 하루에 몇 건의 상담을 완료하라는 목표가 없습니다. 하루에 몇 사람의 고객과 상담을 하든 그것은 상담원의 자유입니다. 자포스가 원하는 것은 진심으로 고객의 입장을 제대로 알고 응대하는 것입니다.

공감은 정확성과 진정성을 요구합니다. 고객의 처지와 생각, 감정을 정확하게 알지 못한다면 엉뚱한 대응을 하게 될 것입니다. 그러한 면에서 자포스의 서비스 응대 원칙은 공감, 즉 '고객을 정확하게 알 때까지'라고 할 수 있겠습니다.

직원들에게 친절하라고 말하기보다 먼저 공감하라고 말해 주십시오. 공감하면 친절할 수밖에 없으니 말입니다. 그렇게 진정성을 가지고 친절을 베풀다 보면 충성고객이 늘어나고 회사의 매출과 수익은 늘어날 것입니다.

## 다른 이의 입장에 설 수 없는 사람은 리더가 될 수 없다

1991년 미국의 걸프전 승리에는 당시 미군의 군수 책임자였던 윌리엄 거스 파고니스William Gus Pagonis 중장의 공이 컸습니다. 그가 물류의 첨단기술, RFIDRadio Frequency IDentification와 인공위성을 이용해 사막 탱크전을 성공적으로 수행한 덕분에 신속하게 부품과 전쟁물자를 보급할 수 있었기 때문입니다.

그는 물류뿐 아니라 리더십에 있어서도 탁월함을 보였습니다. 그는 변수가 많고 심적 부담이 큰 전투 현장에서 지휘관으로서 공감 능력을 발휘하여 병사들의 사기를 북돋워 주었습니다. 그는 '팀원들에게 필요한 것이 무엇인가?', '그들은 그것이 왜 필요하다고 생각하며, 어떻게 그것을 제공할 수 있을까?' 같은 질문을 자신에게 끊임없이 던졌습니다. 이러한 질문은 타인의 처지에서 생각하는 능력을 갖게 하는 데 큰 도움이 되었습니다.

그가 얼마나 뛰어난 공감의 리더였는지를 보여주는 몇 가지 일화가 있습니다. 주둔지인 사우디아라비아(이하 사우디)에 도착하여 가장 중요하게 추진한 것은 '위생적인 화장실'과 '좋은 먹거리 제공'이었습니다.

사우디에 도착하자마자 세운 제1원칙은 '위생적인 화장실을 설치하라'였습니다. 그는 '탄약보다 더 소중한 것은 위생적인 화장실이며, 만약 그것을 설치하지 못한다면 병사들은 적의 포격에 앞서 전염병에 걸려 죽을 것'이라며 위생적인 화장실을 최우선으로 설치했습니다.

그다음으로 '단순한 음식이 아니라 진정한 미국 음식을 먹이라'는 제2의 원칙을 세웠습니다. 햄버거, 치킨, 피자 등을 공급함으로써 병사들의 사기 진작에 결정적인 공헌을 했습니다. 장기간 전투를 치르다 보면 배가 고픈 것보다 더 고통스러운 것이 향수병이라고 합니다. 음식이 입에 맞지 않으면 향수병을 자극하여 전투력이나 사기가 저하될지 모른다는 것까지 병사의 입장에서 생각하며 미국 병사들이 즐겨 먹는 먹거리를 제공했던 것입니다.

그다음으로 3,100만 달러의 거금을 투자해서 호화 여객선을 빌려 약 800명의 군인이 3~4일간씩 교대로 쉴 수 있도록 했습니다. 전투에 지친 병사들을 위로하고 스트레스를 해소하도록 하기 위해서는 오락을 제공해야 하는데, 음주와 오락을 금지하는 사우디의 내륙에서는 불가능하기에 별도로 여객선을 빌렸던 것입니다.

그의 공감 능력은 외교 관계에서도 빛을 발휘했습니다. 공개적인 장소에서 여성들이 얼굴 등 신체를 드러내는 것을 금하는 엄격한 이슬람 율법을 강조하는 국가에 미군 50만 명을 주둔시키려면 사려 깊게 행동할 줄 아는 외교술이 필요했습니다. 사우디인들은 여자 병사들이 머리카락을 드러내고 소매마저 걷어붙이고 무거운 짐을 나르는 것을 못마땅한 시선으로 바라보았습니다. 이때 파고니스는 자신을 사우디인의 입장에 놓고 그들의 시각에서 상황을 바라보았습니다. 그리고 양국 모두에게 수용 가능한 승—승(Win-Win)의 해결책을 제시했습니다. 병사들이 밖에서 일할 때는 모두 긴소매 상의를 입고, 여자 사병들은 전부 모자를 착용하도록 한 것이었습니다.

이 모든 것은 상대의 입장에서 생각할 줄 아는 파고니스 장군의 공감 능력이 만들어낸 일이었습니다.

그의 공감 능력은 저절로 이루어진 것이 아니었습니다. 군 복무 시절 파고니스 장군은 자신의 나쁜 습관 하나를 발견했습니다. 부하와 이야기할 때마다 책상 위의 우편물이나 서류를 들춰 보는 습관이 있다는 것을 알게 되었습니다. 그는 자신의 이러한 형편없는 듣기 습관이 상대방의 말을 이해하는 데 방해가 되고 자신이 상대방을 존중하지 않는 것처럼 보이게 한다는 사실을 깨달았습니다. 그래서 대화할 때마다 의식적으로 시선을 맞추도록 노력하기 시작했다고 합니다.

"다른 이의 입장에 설 수 없는 사람은 결단코 리더가 될 수 없다."

파고니스 장군의 말입니다.

# 약자에 대한 친절이
# 진짜 친절인 까닭은?

## 경비원에게 일의 보람을 찾게 해준 비결

제가 살던 아파트에 정말 성실하고 친절한 최영길(가명)이라는 경비원이 있었습니다. 연세가 꽤 되신 분인데, 어느 날 밤 딸뻘 되는 한 여성으로부터 큰 소리로 공격당하는 것을 보며 무엇을 잘못했길래 저러나 싶어 가슴이 아팠습니다. 8월의 무더운 어느 여름날 저는 경비실을 방문하여 "선생님, 휴가는 언제 가십니까?"라고 물었습니다. 휴가 날짜를 말씀하시길래 "휴가 때 쓰세요. 약소합니다"라고 하며 아주 적은 금액을 넣은 봉투를 내밀었습니다. 그분은 한사코 거절하다 "이걸 받아도 되는지 모르겠습니다"라며 쑥스러워하셨습니다.

저는 그분이 평소에 친절하게 자발적으로 주민들을 섬기는 것을 보고 그 은혜를 갚고 싶었습니다. 저는 그분을 부를 때 경비 아저씨라고 하지 않고 '선생님'으로 호칭했습니다. 아저씨라고 부르면 그분도 저를 아파트에 사는 주민 중 한 사람으로만 대하였을 것입니다. 하지만 선생님으로 부르니 그분도 저를 선생님으로 대했습니다. 신이 난 최 선생은 변치 않고 처음 그 모습으로 열심히 일했습니다. 주민들도 최 선생을 칭찬하기 시작했습니다. 집에서 만든 음식을 갖다 드리기도 하는 등 가족처럼 친근하게 대해 주었습니다. 명절이 되자 한 주민이 동 주민 전체의 마음을 담아 선물을 해드리자고 통장에게 건의하였는데, 기적처럼 한 가정도 반대 없이 동참했습니다. 주민들은 그분을 만날 때마다 제발 오래 근무해 달라고 부탁했습니다. 어른들이 경비원을 귀하게 대하자 자녀들도 경비원에게 인사를 하고 잘 따랐습니다. 그 후 저는 다른 지역으로 이사를 했는데, 1년쯤 지났을 때 그분으로부터 전화를 받았습니다. "이제 나이도 있고 해서 경비 일을 그만두어야 하는데, 선생님은 저에게 '경비라는 직업도 이렇게 보람있게 할 수 있구나'라고 생각하게 만들어 주신 분이셨습니다"라면서 "저 같은 사람을 귀하게 대해 준 것에 꼭 감사의 마음을 전하고 싶었다"고 말했습니다.

잊을 만하면 아파트 경비들이 주민들의 갑질을 견디지 못하고 자살했다는 소식을 듣습니다. 경비원에게 함부로 대하는 사람들에게 묻고 싶은 것이 있습니다. 본인이 그렇게 하는 것을 자녀나 손주들이 알고 있는지, 혹은 그렇게 했다고 자랑스럽게 말할 수 있는지 말입니다.

자신보다 돈 많고 힘 있는 사람에게는 과도할 만큼 친절하지만, 그렇지 않은 사람에게는 함부로 대하는 사람들은 가장 비겁하고 무례한 사람들 아닐까요?

삶의 현장에서 약자들에게 조금만 마음을 써 준다면 세상은 훨씬 더 살 만한 곳이 되지 않을까요?

## 친절이 무엇인지를 보여준 어린이들

이형이는 왜소증을 유발하는 연골무형성증이라는 유전 질환을 앓고 있습니다. 이형이는 친구들에 비해 키가 작고 팔다리가 짧아 잘 달릴 수 없어 상처를 받는 일이 많았습니다. 한번은 놀이공원에서 키 때문에 자동차 놀이기구를 탈 수 없다는 말을 들었습니다. 함께 간 누나들은 이형이가 얼마나 속이 상했을까 하는 생각에 펑펑 운 적도 있습니다. 놀이공원은 안 가면 그만이지만 매년 돌아오는 학교 운동회 때만 되면 항상 꼴찌를 해야 하는 이형이와 가족들은 마음이 늘 착잡했습니다.

6학년 마지막 운동회가 찾아왔습니다. 그날도 어김없이 달리기 경주가 있었습니다. 이형이는 네 명의 친구와 함께 출발선에 섰습니다. 출발 신호와 함께 아이들이 달려 나갔습니다. 이날도 이형이는 여전히 꼴찌로 출발했습니다. 그런데 앞서 달려가던 친구들이 갑자기 뒤로 돌아오더니 다 함께 이형이의 손을 잡고 달리기 시작했습니다. 다섯 명이 일렬로 결승선을 통과하여 모두 1등이 되었습니다. 운동회 때마다 꼴찌를 하고 실망하는 이형이를 위해 친구들이 담임선생님께 양해를 구하고 몰래 준비한 서프라이즈 선물이었습니다.

이형이는 너무 기쁘고 고마워서 울기 시작했습니다. 울고 있는 이형이에게 친구들은 해맑게 웃으며 모두의 손등에 찍힌 1등 도장을 보이면서 "우리 다 1등이야"라고 말했습니다. 이 장면을 지켜보던 가족과 선생님, 학부모들도 모두 감동하여 함께 울었습니다.

어쩌면 졸업을 앞둔 6학년 어린이들에게 최고의 교육은 이형이를 위한 달리기가 아니었을까 싶습니다. 돈과 권력이 있다고, 나이가 많다고, 힘이 있다고 약자들에게 불친절하게 대하는 사람들에게 이형이의 친구들만큼 좋은 스승은 없을 것 같습니다.

약한 자에게 친절한 것이 진짜 친절입니다.

## 권력을 가질수록 친절해야 하는 이유

권력자가 될수록 더욱 친절에 힘써야 하는 이유는 권력을 가진 순간부터 친절해지기 어려울 가능성이 커지기 때문입니다. 전에는 참 친절하고 좋은 사람이었는데 권력을 갖더니 차가워지고 남들을 무시하는 등 사람이 달라졌다는 이야기를 듣는 경우가 종종 있습니다. 정신의학자들은 이처럼 권력을 가진 사람들이 오만해지는 이유를 연구해 왔습니다. 영국의 신경정신과 의사이자 외무부 장관을 지낸 데이비드 오언David Owen은 권력을 가진 사람들이 성급한 언동을 하고, 타인의 조언을 무시하고, 충동적이고 무모한 행동을 하며 부주의함이 두드러져 무능해지는 증상을 '휴브리스 신드롬hubris syndrome(오만 증후군)'이라고 정의했습니다.

164

UC 버클리대 심리학과 교수인 다처 켈트너Dacher Keltner도 20여 년 동안의 실험과 현장 조사를 통해 권력자가 '외상성 뇌손상'traumatic brain injury을 입게 되는 과정을 추적하여 권력자가 되면 공감 능력이 현저히 떨어진다는 사실을 밝혀내기도 했습니다.

이런 증상이 나타나는 이유는 무엇일까요? 권력자가 되면 그에게 잘 보이려고 아부와 아첨, 칭찬을 늘어놓는 사람들이 늘어납니다. 그들은 직언을 하기보다 권력자의 의중을 파악하는 데 온갖 신경을 쓰면서 비위를 맞추려 애씁니다. 이런 환경에 장기간 노출되다 보면 권력자는 이런 일들을 즐기기 시작합니다. 그러다 보면 어느새 남들이 웃고 있는데 나는 과묵한 표정을 짓고 있거나, 타인의 고통이 눈에 들어오지 않습니다. 이미 뇌의 공감을 담당하는 거울뉴런mirror neuron의 기능에 고장이 나서 '뇌손상 상태'에 다다른 것입니다.

그러니 권력을 가질수록 공감하기 위해, 친절하기 위해 노력해야 할 것입니다.

너희 형제 중에 지극히 보잘것없는 사람 하나에게 한 것이 곧 내게 한 것이니라.
-예수

# 거절할 때도
# 품격을 지켜라

## '상처를 줄 권리'는 누구에게도 없다

한동안 일본에서 아들러 심리학의 1인자라는 소리를 듣는 철학자 기시미 이치로와 베스트셀러 작가 고가 후미타케의 『미움받을 용기』가 꽤 인기가 있었습니다. '상처받지 않을 권리'를 위하여 미움받을 용기가 필요하다는 아들러 심리학을 대화체로 풀어내어 많은 공감을 불러일으켰습니다. 모든 사람은 '상처받지 않을 권리'가 있다는 말에 동의하면서 동시에 어느 누구도 '상처를 줄 권리' 또한 없다고 생각합니다.

살다 보면 수많은 거절을 하게 되는데, 거절당한 사람은 대부분 상처를 받고 오랫동안 그 상처를 기억하는 경향이 있습니다. 불법, 부당한 요구가 아니라면 거절할 때도 존중이 필요해 보입니다. 『대통령의 글쓰기』의 저자 강원국 씨가 출판사에 근무할 때 전혀 기분 나쁘지 않게 원고 청탁을 거절한 분에 대하여 방송에서 소개한 적이 있습니다. 거절의 귀감이 되는 내용이어서 인용합니다.

"제안해 줘서 고맙습니다. 당신이 편집을 한다고 하니 꼭 한번 해보고 싶습니다. 함께하지 못해 아쉽습니다. 나중에 후회할 게 뻔하지만 나름대로 사정이 있으니 이해해 주세요. (사정 설명) 언젠가는 꼭 한번 해보고 싶습니다. 그땐 지금보다 더 나아져 있을 테니 당신에게도 더 도움이 될 것입니다. 이번에는 ○○○ 씨가 하면 좋을 것 같은데, 필요하면 연락해 드리겠습니다."

이쯤 되면 '아름다운 거절'의 롤모델입니다. 거절하는 사람은 부탁하는 사람의 감정이 상하지 않도록 배려했고, 부탁한 사람도 전혀 기분이 나쁘지 않을 테니 말입니다. 오히려 거절한 사람을 존경하는 마음이 생길 것입니다. 이분에게서 배울 수 있는 거절의 지혜를 정리해 봅니다.

1. 거절할 때도 존중의 태도를 지킨다
부탁하는 사람도 나처럼 존중받고 싶어 합니다. 우리가 거절하는 것은 제안이지 사람이 아니어야 합니다. 존중하는 마음이 전달되도록 친절하게 거절해야 하겠습니다.

## 2. 거절의 이유를 설명해 준다

거절당한 사람은 이유를 알고 싶어 합니다. 납득할 만한 거절의 이유를 알려주면 부탁한 사람도 성찰과 개선의 기회로 삼을 수 있을 것입니다.

## 3. 지금 들어주기 어려우면 다음을 기약해 준다

비록 이번에는 부탁을 들어줄 수 없지만 다음에 여건이 될 때 도울 수 있다는 여지를 남겨주는 것입니다.

## 4. 대안을 제시해 준다

내가 도울 수 없는 사정을 얘기한 후 대안을 제시하여 상대방을 어떤 형태로든 도우려는 의지와 행동을 보여주면 비록 직접 도와주지 못하더라도 진심으로 고마워할 것입니다.

# 낮추면
# 높아진다

## 이 시대는 겸손한 인재를 원한다

구글의 인재 관리 비결 가운데 가장 중요한 것은 채용입니다. 직원 5만 명에 채용 담당자가 2,500명 정도라고 하니 채용을 얼마나 중요하게 생각하는지를 알 수 있습니다. 구글의 인재 선발은 마치 불량품을 걸러내듯이 최대 10여 차례의 면접을 통해 부적합한 지원자를 걸러내는 데 집중한다고 합니다. 한 사람을 잘못 뽑으면 조직 전체에 미치는 부정적 영향이 크기 때문입니다.

구글이 원하는 인재의 요건 중 하나는 '지적 겸손함'입니다. 똑똑하지만 겸손과 성실을 겸비하지 않은 사람은 철저하게 배제합니다. 심지어

지원자 중 적합한 사람이 없을 경우 비록 업무 추진이 늦어지더라도 적합한 인재를 찾을 때까지 채용을 미룰 정도라고 합니다. 물론 구글도 처음에는 지원자의 출신 학교와 성적, 자격 등 스펙을 따지는 일이 많았지만, 이러한 요소만으로는 창의성이 풍부하고 팀에 공헌하는 인재를 선발하기 어렵다는 것을 알게 되었습니다. 그 대신 겸손하고 성실하여 다른 사람의 성공을 도울 수 있고, 역경을 극복하는 능력과 끈기를 갖춘 사람이 장기적으로 큰 성과를 낸다는 사실을 확인했기 때문입니다. 지적 겸손함이 부족한 사람은 독선적이어서 다른 사람과 협력하거나 다른 사람에게 배우지 못하기 때문에 스스로도 성장할 수 없습니다. 시대가 겸손한 인재를 원하고 있습니다.

## 겸손, 리더에게 요구되는 최고의 덕목

미국의 경영 컨설턴트 짐 콜린스Jim Collins에 따르면 위대한 기업의 최고 리더들은 '강한 결의'와 '진정한 겸손'을 갖추고 있다고 합니다.

"최고의 경영 리더들과 인터뷰를 하면서 우리는 그들이 자신에 대하여 이야기하는 방식에 놀랐다. 아니 자신에 대하여 이야기하지 않는 것에 놀랐다고 해야겠다. 그들은 회사에 대한 이야기, 다른 간부들이 회사에 기여한 이야기는 거리낌 없이 하면서도 자신이 한 일에 대한 이야기가 나오면 자동적으로 말을 삼갔다."

최고의 리더들은 한마디로 자랑할 것은 감추고 공은 부하들에게 돌리는 사람들이었습니다.

실리콘밸리의 역사를 가장 잘 대표하는 인물이 있다면 존 헤네시John L. Hennessy 구글 알파벳 이사회 의장일 것입니다. 그는 스탠퍼드대학의 총장으로 16년간 재임하면서 실리콘밸리에 우수 인재를 공급하고 스타트업 인큐베이팅 허브 역할을 수행하여 스타트업 생태계를 조성하는 데 큰 기여를 하였습니다. 구글의 공동 창업자인 래리 페이지와 세르게이 브린도 그의 제자인데, 구글 창업에 헤네시 총장이 큰 도움을 준 것으로 알려졌습니다.

한 기자가 리더에게 가장 중요한 것이 무엇인지 헤네시 의장에게 물었습니다. 자신감이나 능력 같은 것을 거론할 줄 알았는데, 그는 겸손이라고 대답했습니다. 그가 겸손을 제1의 덕목으로 꼽은 이유가 무엇일까요?

헤네시는 겸손이란 '성공의 상당 부분은 행운 덕분'이라는 자각과 '어떤 주제에 대하여 나보다 똑똑한 사람이 많다'라는 자각에서 비롯된다고 했습니다.

헤네시는 먼저 조부와 부친 덕분이라고 했습니다. 그의 조부는 노동자였는데, 자신보다는 자식이 더 나은 삶을 살게 해주려고 열심히 일해서 아들을 교육시켰고, 헤네시 총장의 아버지도 그런 마음으로 아들이 교육을 받을 수 있도록 뒷바라지해 준 덕분이며, 학교에는 자신보다 똑똑한 사람들이 즐비했고, 도움을 요청했을 때 그들이 기꺼이 도왔기에 16년간 대과 없이 총장을 할 수 있었다는 것입니다.

내가 잘나서가 아니라 '운이 좋게도 사람들 덕분에'라고 한 것입니다. 세계적 성품 교육 기관인 IBLP에서는 겸손을 '내가 성취한 것은 다른 사람 덕분임을 인정하는 것'이라 정의합니다. 세상에 저절로 이루어진 것은 하나도 없습니다. 누군가의 도움 없이 되는 것은 하나도 없기 때문입니다.

경영자의 성공은 직원들이 열심히 일해 준 덕분이고, 영업실적이 좋은 것은 고객이 선택해 준 덕분입니다. 회사가 잘나가는 것은 협력업체가 좋은 제품을 만들어준 덕분이고, 협력업체가 잘나가는 것은 그 물건을 사주는 원청업체 덕분입니다.

효심사 주지 성담 스님은 "'덕분입니다'라는 말은 상대방을 존중하고 받들고 대우하려는 의미가 있기 때문에 이런 말을 잘하는 사람은 이타적인 삶을 살 뿐 아니라 타인의 도움을 많이 받을 수 있어 결과적으로 자신도 성공할 수 있는 가장 아름답고 강한 말"이라고 하셨습니다. '덕분입니다'라는 말에 세상을 사는 지혜가 담겨 있습니다.

갑질이라는 단어가 사라지게 하려면 갑질하는 사람을 처벌하는 것만으로는 부족합니다. 겸손이 내면화되어 있어야 합니다. 겸손을 배우고 가르치며 실천하는 일에 모두 힘써야 합니다. 겸손한 사람은 갑질을 할 수 없기 때문입니다.

## 허리 숙여 신임 교수를 맞이하는 총장님

서울대학교 사회학과 전상인 교수는 춘천에 있는 한림대에서 교수로서 첫 직장 생활을 시작했습니다. 신임교원 채용의 마지막 단계에서 정범모 총장을 뵙게 되었습니다. 어떤 질문을 받을까 긴장했는데 정 총장이 "지금 이 자리는 제가 선생님을 심사하기 위해서가 아니라 총장으로서 감사의 인사를 드리기 위한 것입니다"라며 허리 굽혀 악수를 청하셨다고 합니다. 전상인 교수는 그분의 겸손함에 감격하여 주저앉을 뻔했다고 합니다. 정범모 총장은 교육학을 배운 사람이라면 그분의 '교육이란 인간 행동의 계획적인 변화'라는 정의를 모르는 사람이 없을 정도로 한국의 대표적인 교육철학자입니다. 서울대 교수, 충북대 총장, 한림대 총장, 한림대 한림과학원 석좌교수를 역임한 학술원 회원으로, 선친의 묘소가 수용되어 받게 된 보상금을 장학금으로 기부하는 등 평생을 교육 발전을 위해 헌신하여 교육계의 큰 어른으로 존경받는 분입니다. 이런 분이 겸손하게 허리를 굽혀 인사를 하셨으니 얼마나 놀랍고 존경스러웠을까요? 존경이란 존경해 달라고 명령하거나 요청해서 얻는 것이 아니라 겸손하게 섬길 때 얻을 수 있는 '혜택'인 것입니다.

## 세계 최고의 선수를 빛나게 한 겸손

스타 선수들 중에 코치나 감독의 말을 따르지 않고 제멋대로 행동하다가 팀은 물론 개인적으로도 낭패를 당하는 경우가 종종 있습니다. 반면 명성 있는 선수들 중에 겸손하게 행동하는 선수들이 있습니다.

1992년 미국 농구 대표팀의 바르셀로나 올림픽 우승 당시 감독이었던 마이크 슈셉스키는 '코치 K'라는 별명으로 47년간 대학과 국가대표 감독을 지내며 수많은 NBA 스타들을 배출하고 전무후무한 다양한 기록을 양산한 '레전드 감독의 레전드'라 불리는 명장입니다.

그가 1992년 바르셀로나 올림픽 때 신경 쓰이는 선수가 있었습니다. 최고의 슈퍼스타 마이클 조던이었습니다. 슈셉스키는 조던이 코치로서 자신을 존중할지 걱정되었습니다. 그 역시 명성을 가진 감독이었지만 조던의 명성이 워낙 엄청났기 때문입니다. 그런데 첫 번째 훈련을 마친 뒤 조던이 그에게 다가와 "30분 정도 개인 훈련을 하고 싶은데 저 좀 도와주시겠습니까?"라고 부탁했습니다.

훈련을 마치며 조던은 정중하게 고맙다고 인사했습니다. 코치 K는 그 일로 감동을 받고 "조던은 지구촌 1인자라고 우쭐댈 법도 했지만 그러지 않았다. 그는 드림팀 안에 높고 낮음이 있을 수 없으며 구성원 모두가 중요하다는 사실을 이해하고 있었다. 그는 나를 '코치님'이라고 불렀고 '부탁한다'고 했으며 마지막에 '고맙다'고 인사를 잊지 않았다. 멋지지 않은가?"라고 회상했습니다. 코치 K는 그 일을 계기로 조던을 존경하게 되었고 선수들을 이끄는 방식에도 영향을 받았다고 합니다.

코치 K는 "그때 조던이 '어이, 마이크 코치, 이리 좀 와봐!'하고 소리쳤더라도 나는 그리로 달려갔을 것이다. 나는 자괴감을 느끼면서도 그가 원하는 대로 했을 테지만 내 자존심은 무너져버렸을 것이다"라고 말했다고 하니 조던의 위상이 어땠는지를 알 수 있게 합니다. 마이클 조던을 빛나게 했던 것은 농구 실력 못지않게 감독에게 배우겠다고 요청하는 겸손이었습니다.

요즘 기업마다 역사상 가장 교육을 많이 받은 유능한 직원들로 넘쳐난다고 합니다. 한 손에는 능력을 가졌으니 또 다른 한 손에는 겸손까지 장착한다면 얼마나 많은 신뢰와 협력을 받을 수 있을까요? 나는 똑똑해서 혼자 다 할 수 있다고 생각하는 것만큼 어리석은 일은 없습니다. 지금 세상은 너무 복잡해서 혼자 할 수 있는 일이 별로 없습니다. 당신이 유능하다면 겸손은 당신을 더욱 빛나게 할 것입니다. 마이클 조던이 그랬던 것처럼 말입니다.

## 겸손한 사람, 교만한 사람

겸손한 사람과 교만한 사람은 말하는 것을 보면 알 수 있습니다. 겸손한 사람은 '~덕분에'라고 말하고 교만한 사람은 '내가 잘나서(해서)'라고 말합니다.

겸손한 경영자는 '직원들 덕분에 내가 성공했다'라고 말하고 교만한 경영자는 '내가 월급을 주는데 말이야'라고 합니다. 그래서 겸손한 사람은 갑질을 모르지만 교만한 사람은 갑질을 하면서 그게 갑질인지도 모릅니다.

겸손한 리더는 부하를 스승으로 여겨 '나 좀 도와줘'라고 말하고, 교만한 리더는 부하를 지휘할 대상으로 여겨 '하라는 대로 해'라고 말합니다. 겸손한 사람은 '나도 모르는 게 많다'라고 말하고 교만한 사람은 '나는 다 안다'라고 말합니다. 이 세상에 존재했던 수많은 사람 중 하나님이 가장 먼저 만나주셨을 것 같은 사람이 있다면 테레사 수녀일 것입니다. 그런데 그녀는 생전에 '난 아직 하나님을 만나보지 못했다'고 말했습니다. 그런데 사이비 종교의 교주들은 '난 확실히 하나님을 만났다'고 합니다. 사람들을 미혹하고 세상을 시끄럽게 하는 사람들은 모두 교만한 사람들입니다.

'덕분입니다'라는 말만 할 수 있어도 훨씬 나은 세상이 열릴 것입니다.

## 겸손은 힘들어!

하버드 경영대학원 프란체스카 지노Francesca Gino 교수의 조사에 의하면 100명의 성인들 중 79%가 테레사 수녀가 천국에 갈 것이라고 대답한 반면에, 자기가 죽으면 천국에 갈 확률은 무려 87%라고 대답했다고 합니다. 이처럼 사람들은 자신을 꽤 괜찮게 보는 자기 편향적 경향이 있습니다. 그만큼 겸손하기가 쉽지 않은가 봅니다.

벤저민 프랭클린은 50년 이상 수첩에 13가지 덕목(절제, 침묵, 규율, 결단, 절약, 근면, 성실, 정의, 중용, 청결, 평정, 순결, 겸손)을 실천했는지를 항상 기록하며 꼼꼼하게 체크했다고 하여 감동을 준 것으로 유명합니다. 여러분은 13가지 중 가장 쉬운 것은 무엇이고 가장 어려운 것은 무엇인가요? 프랭클린은 자서전에서 "인간의 자연적 본성은 자만심을 쉽게 정복하지 못하게 한다. 아무리 숨기고 싸우고 억누르고 정복한 듯 보여도 자만심은 여전히 살아남아 기회가 올 때마다 슬그머니 모습을 드러낸다. 설혹 내가 자만심을 완전히 정복했다 한들 그것은 언젠가 또 모습을 드러낼 것이다. 나는 아마도 겸손을 자랑할 것이기 때문이다"라며 겸손이 가장 힘들었음을 고백하고 있습니다. 프랭클린처럼 자기관리에 철저했던 위인도 겸손이 이렇게 힘들었으니 저와 같은 범인이야 오죽하겠습니까? 그러니 겸손은 죽을 때까지 늘 힘써야 하는 인생의 과제인 것입니다. 오죽하면 가수 조영남 씨가 '겸손은 힘들어'라는 노래를 했을까요?

모세의 겸손함이 삼손의 강함보다 낫다.
-서양 속담

# 논쟁에서 지고
# 인간관계에서 이겨라

## 논쟁에서 이겨도 전리품은 별것 없다

가족이나 친구와 정치나 종교 이야기를 하다가 다투거나 사이가 나빠졌던 경험이 있으신가요? 저도 때론 정치적 견해가 다른 사람과 다투었던 적이 있습니다. 지금 생각하면 참으로 어리석은 일이고 상대방에게 미안할 뿐입니다. 설사 논쟁에서 이겼다고 해도 챙길 수 있는 전리품도 거의 없는데, 사소한 것에 목숨 거는 일이 얼마나 많은지요.

고전이 된 『인간관계론』을 쓴 데일 카네기가 어느 날 식사 모임에 초대받았습니다. 식사 중에 주인은 "인간이 아무리 일을 하려고 해도 최종적인 결정은 신이 내립니다. 물론 슬기로운 쪽으로요"라며 성경에 나오는

구절이라고 자신 있게 설명하는데, 얼마나 허풍이 심한지 질릴 지경이었습니다. 게다가 카네기가 아는 바로는 출처가 잘못된 것이었기에 즉시 반론을 제기했습니다.

"하하! 그건 셰익스피어의 『햄릿』에 나오는 대사로 아는데요."

그러자 주인은 몹시 흥분하여 "선생이야말로 잘 모르시는군요. 그 말은 분명 성경에 나옵니다! 여기 성경 없나요?"라고 말했습니다.

마침 오랫동안 셰익스피어를 연구해 온 프랭크 가몬드가 있어서 누가 맞는지를 물어보았습니다. 그때 가몬드는 "데일, 자네가 틀렸네. 저분 말씀이 맞아!"라며 주인 편을 들어주었습니다. 카네기는 자신의 편을 들어주지 않은 가몬드에게 몹시 불쾌했습니다.

파티가 끝난 후 카네기는 가몬드에게 격하게 따졌습니다.

"자네, 셰익스피어에 대해 좀 안다는 사람 맞아? 그의 작품에 나오는 거 잘 알고 있지 않은가! 몰랐으면 전문가직 사퇴해!"

가몬드는 이렇게 대답했습니다.

"그는 자네의 의견을 묻지도 않았고 논쟁을 청하지도 않았어! 그런데 이미 그 사람과 논쟁 속으로 들어간 거야. 왜 좋은 시간을 망치려들어? 옳고 그름보다 중요한 것은 사람이 아닐까?"

매사에 분명하고 논리 정연한 것을 좋아하던 데일 카네기는 그때 논쟁에서 이기려고 하지 말자는 큰 교훈을 얻었다고 합니다.

## Yes가 먼저입니다

J는 명문대에서 철학을 전공한 후 대기업에 입사했습니다. 철학을 전공해서인지 이해력과 논리력이 뛰어나 사내에서 논쟁으로 그를 이길 자가 없다는 말이 나올 정도였습니다. 그런 일이 반복될수록 J는 우쭐한 생각이 들었는지 상대방이 무슨 얘기를 하면 "그런데, 난 생각이 달라" 하면서 반대 논리를 펴곤 했습니다. 그리고 논쟁에서 늘 이겼습니다. 아니 논쟁이 시작되면 반드시 이겨야 했고, 그것을 즐겼습니다. 그러자 동료들은 논쟁이 시작되면 피하기 일쑤였습니다. 한번 시작하면 이길 때까지 논쟁을 하다 보니 피곤했기 때문입니다. 문제는 이런 습관이 강화되어 상사와도 자주 논쟁을 하려 했고, 팀장이 되었을 때는 임원과도 논쟁을 즐겼습니다. 이런 습관은 급기야 CEO 앞에서도 나타났습니다. 몇 번 그런 일이 있자 CEO는 그를 불쾌하게 여겨 외진 곳으로 발령을 냈고, 그곳에서 직장 생활의 종지부를 찍었습니다.

저는 이런 증상을 '습관성 반대 증후군'이라 부릅니다. 누군가의 말을 들을 때 습관적으로 '그건 아니고No' 혹은 '하지만But'이라고 하면서 상대방의 말에 동의하기보다 반대하는 논쟁을 즐기는 사람들입니다. 이는 '나는 똑똑합니다'라는 신호를 보내면서 '나 좀 알아봐달라'고 하는 것입니다. 그런데 이런 행동은 인간관계에서는 마이너스 효과를 발휘합니다.

사람들이 하는 말에는 다 이유가 있습니다. 그런데 말이 끝나자마자 혹은 말을 자르고 '그건 아닌데' 한다면 상대방은 자신을 부정했다고 여깁니다. 설사 내가 옳고 그 사람이 틀렸다고 하더라도 논쟁해서 얻을 이익이 별로 없습니다. 논쟁하려 들지 말고 일단 당신의 말이 옳다고 인정해 보십시오. 이른바 '당신이 옳다'화법입니다.

'예 그럴 수 있겠네요.'
'그 상황에서는 저라도 그런 생각을 했을 것 같습니다.'
'예, 훌륭한 아이디어입니다.'
이렇게 말입니다.

'Yes, But'이라는 화법이 있습니다. 반론이 필요할 경우에도 먼저 상대방의 말을 인정Yes하고 반론But을 펼치라는 것입니다.

논쟁에서 이겨서 쾌재를 부르고 기분이 좋아졌다고 하지요. 문제는 상대방입니다. 논쟁에서 진 사람은 불쾌하기 짝이 없습니다. 한 번도 아니고 여러 번 논쟁에서 진 사람이 나에게 어떻게 나올까요? 논쟁에서 이기고 인간관계에서 진다면 무슨 소용이 있을까요? 차라리 논쟁에서 지고 인간관계에서 이기는 길을 선택하는 것이 어떨까요?

Yes를 먼저 하면 사람을 얻지만 But을 먼저 하면 사람이 떠납니다. Yes가 먼저입니다.

논쟁에서 이기는 단 한 가지 방법은 논쟁을 하지 않는 것이다.
-데일 카네기

# 4

# 먼저 손을 내밀어라

존중과 포용

# 내 마음의
# 평수는 얼마일까

아파트에 산다고 하면 몇 평이냐고 묻는 사람들이 가끔 있습니다. 아이들이 아파트 평수 따라 따로 논다는 이야기가 뉴스에 등장하기도 합니다. 그런데 이들의 마음의 평수는 얼마일까요.

원불교 최고 지도자인 종법사(宗法師)에서 퇴임하신 경산(耕山) 장응철 상사(上師)는 자신의 명상집 『아 이 사람아, 정신차려야 해』에서 "내 마음의 평수는 얼마나 될까요? 마음 심(心) 자, 땅 지(地) 자, 심지를 아세요? 그 마음 땅은 몇 평이나 될까요? 하지만 범부중생은 항상 자기 마음에 벽을 치고 살아갑니다"라는 말로 우리 스스로 마음의 평수를 좁히고 살아감을 반성하면서 함께 마음의 평수를 넓혀가자고 제안하셨습니다.

책의 내용 중 "복은 잘 지어놓아야 잘 받는다. 돈을 은행에 넣어두면 찾아 쓸 수 있듯, 우리는 진리의 은행에 복을 잘 저장해야 한다", "그 입을 보지 말고 그 사람의 발을 보라"고 하신 말씀이 기억에 남습니다.

복을 잘 지어놓는다는 것이 무엇일까요?

스님들은 '복을 받으라'고 하지 않고 '복을 지으라'고 합니다. 그 차이가 무엇일까요? 복을 받는다는 것은 누군가가 복을 주지 않으면 받을 수 없다는 뜻이고, 복을 짓는다는 것은 누가 주지 않아도 스스로 지어서 복을 누릴 수 있다는 적극적인 의미가 있습니다. 부처님은 '스스로 짓고 스스로 받는다'고 하셨습니다. 스스로 짓지 않으면 다른 사람의 복을 빼앗아 오거나 훔쳐야 할 것입니다.

부처님은 "사람들은 '몸과 말 그리고 생각'으로 삶을 지어간다"라고 하시며 부처님 스스로도 잘못된 길로 빠진 사람들을 보듬기 위해 복을 지어야 한다고 하셨습니다. 그리고 "이 세상 어떤 힘도 스스로 지은 복을 넘어설 수는 없다"고 하셨습니다.

복을 짓는다는 것은 나를 위해 살 것이 아니라 적극적으로 타인을 위해 선행을 베풀라는 의미일 것입니다. 그런데 우리는 시인과 촌장의 '가시나무'라는 노래의 '내 속엔 내가 너무도 많아, 당신의 쉴 곳 없네'라는 노랫말처럼 과거에 비하여 가진 것은 많아졌지만 내 속을 오로지 나를 위한 것들로 꽉 채워 타인에게 내어줄 공간, 즉 마음의 평수는 좁아지고 있는 것은 아닌지 모르겠습니다.

나에게만 향했던 관심을 타인에게 돌려 그들의 입장에서 공감하는 것을 넘어 고통과 상처를 치유할 수 있도록 적극적으로 도와주고, 잘못이나 결점에 주목하여 비난하거나 분노하는 일에 힘쓰기보다 포용하고 용서하는 것, 이것이 복을 짓는 일 아닐까요? 여러분들은 어떤 복을 짓고 계십니까?

복을 지으면 우리의 마음의 평수도 넓어지지 않을까요? 나의 마음의 평수는 몇 평일까요?

포용은 성장의 열쇠이다.
-제시 잭슨

# '다름'을
# 존중해야 하는 이유

## 다양성이 능력을 이긴다

'유보트U-boat'는 독일 잠수함의 고유명사로, 독일어로 잠수함이라는 뜻의 '운터제부트Unterseeboot'에서 유래한 표현이라고 합니다. 독일은 이를 이용해 제1차 세계대전 당시 영국으로 향하는 배는 모두 격침하는 '무제한 잠수함 작전'을 실행하기도 했습니다. 당시 미국인 승객 128명이 탄 여객선이 유보트에 격침된 사건은 미국의 참전 선언을 끌어내는 계기가 될 정도로 연합군에게는 가장 두려운 대상이자 타도의 대상이었습니다.

유보트는 제2차 세계대전에서도 여전히 맹위를 떨쳐 영국은 전함 수백 척이 독일 잠수함 유보트가 쏜 어뢰에 맞아 침몰하고 대서양 보급로가 끊기는 등 그야말로 속수무책이었습니다. 그런데 놀랍게도 전세가 역전되었습니다. 영국이 비밀리에 '블레츨리 파크Bletchley Park'에 세운 암호 학교(학교명도 블레츨리 파크)가 독일군의 에니그마Enigma 암호 대부분을 해독했기 때문이었습니다. 블레츨리 파크는 세계 최초의 연산 컴퓨터인 콜로서스Colossus를 개발해 독일군의 교신 메시지를 1분당 2개의 속도로 풀어냈습니다. 덕분에 연합군은 독일군의 교신 내용을 손쉽게 확인하여 유보트의 위치를 파악할 수 있었습니다. 두려움의 대상이었던 유보트는 이제 쉽게 공략할 수 있는 대상으로 바뀌었습니다.

이때 주목할 것은 암호 해독을 위해 모인 사람들 1000여 명의 직업과 학문적 배경이 놀랄 정도로 다양했다는 것입니다. 과학자와 기술자 외에도 체스 챔피언, 낱말 맞추기 전문가, 대기업과 백화점 간부 등도 참여했고, 전공도 수학·이집트학·고전·역사·현대 언어학 등으로 제각각이었습니다. 해군에서 차출된 여군 수백 명도 힘을 보탰습니다.

다양성에 관한 연구 등으로 사회과학계의 석학으로 알려진 스콧 페이지Scott Page 미국 미시간대학 교수는 블레츨리 파크의 성공은 '다양한 사람들의 다양한 능력을 제대로 활용한 덕분'이라고 분석하며 '다양성이 능력을 이긴다Diversity trumps ability'는 혁신적인 이론을 제시하기도 했습니다. 그는 다양한 증거를 들어 덜 똑똑하지만 다양한 사람들로 구성된 그룹이 똑똑한 사람들로 구성된 동질적 그룹보다 더 높은 성과를 낸다는 것을 입증하기도 했습니다.

페이지 교수의 주장처럼 최근 HR 분야 최고의 관심 사항 중 하나는 다양성입니다. 익명 리뷰에 기반한 직장·상사 평가 사이트인 글래스도어

Glassdoor가 조사한 바에 따르면 응답자의 2/3가 회사와 일자리를 평가할 때 다양성을 중요한 요소로 고려하는 것으로 나타났습니다. 다양성이 기업의 경쟁력을 좌우하는 중요한 요소로 부상하고 있다는 증거이겠지요.

미국의 실비아 앤 휴렛Sylvia Ann Hewlett 인재혁신센터Center for Talent Innovation 소장이 전문가 1800명을 대상으로 한 조사와 40건의 사례 연구, 수많은 포커스 그룹 조사 등을 토대로 분석한 결과에 따르면 성·인종·경험적 다양성을 갖춘 리더들이 이끄는 기업은 그렇지 않은 기업보다 전년 대비 시장점유율이 높아질 확률이 45%나 높았고, 신시장 개척 확률도 70%나 높았다고 합니다.

혹자는 다양성의 문제를 법적 요건을 채우지 않으면 처벌을 받거나 사회적으로 비난받을까 두려워서 관심을 가져야 하는 것으로 소극적으로 생각합니다. 이는 다양성에 대한 협소한 시각을 드러내는 것입니다. 다양성을 존중해야 하는 이유는 우리가 더 강해지고 더 유능해지기 위해서입니다.

## 모든 사람이 똑같다면?

한국에는 외국에 비하여 유난히 왼손잡이가 적습니다. 오른손잡이가 정상이라는 고정관념이 지배적인 세상에서 왼손잡이는 이상한 사람이었습니다. 부모들은 왼손을 쓴다고 혼을 내기도 했고, 왼손에 양말을 씌워 강제로 오른손을 쓰게 하기도 했습니다. 왼손잡이는 다른 것이 아니라 나쁜 것, 바람직하지 않은 것이었습니다. 그런데 류현진과 김광현 선수가 오른손잡이였다면 그들이 지금의 영광을 누릴 수 있었을까요?

이런 일은 사람과의 관계에서도 비슷한 현상으로 나타납니다. 나와 다르다는 이유로 틀리다고 하거나 차별하는 일이 있습니다. 그런데 모든 사람이 동일하다면 어떤 세상이 될까요?

모든 사람이 빠르게 행동한다면?
모든 사람이 신중하게 행동한다면?
모든 사람이 말하기를 좋아한다면?
모든 사람이 듣기만 좋아한다면?
모든 사람이 똑같은 생각을 한다면?

이런 세상은 끔찍한 세상일 겁니다. 모두 빠르게 행동해도, 허구한 날 모두 신중하게 행동해도 여러 가지 문제가 생기겠지요.

저는 말하기를 좋아하고 주도하는 편인데 아내는 듣기를 좋아하고 제 결정에 잘 따라주는 편입니다. 저는 성격이 급해 실수하는 일이 많은데 아내는 그 실수를 탓하지 않고 느긋하게 기다려줍니다. 서로 다르기 때문에 조화를 이루고 사는 것 같아 감사하고 있습니다.

존중은 다름을 인정하는 것입니다. 간혹 자신의 생각대로 움직이도록 사사건건 간섭하고 괴롭히면서 자녀와 배우자를 위해 최선을 다한다고 주장하는 사람들이 있습니다. 그것은 존중이 아닙니다. 성숙한 사람은 다름을 가치 있게 인정하고 받아들입니다. 다양성은 창의성을 촉진하고 혁신적인 문화를 조성하는 데 필수적입니다. 다양한 생각이 있어야 의사 결정의 오류 가능성을 줄이고 약점을 보완할 수 있습니다.

# 실수를 대하는 태도가
# 중요한 까닭은?

## 인격을 알려주는 '웨이터의 법칙'

'웨이터의 법칙The Waiter Rule'이라는 말이 있습니다. '당신에게는 친절하지만 웨이터나 다른 사람들에게 무례한 사람은 좋은 사람이 아니다'라는 의미로, 미국의 CEO들에겐 불문율로 알려져 있다고 합니다.

이 법칙은 미국의 방위산업체 레이시온의 전 CEO인 윌리엄 스완슨 William H. Swanson이 자신의 경험을 바탕으로 쓴 『스완슨의 쓰여지지 않은 33가지 경영의 법칙』에서 소개하여 널리 알려졌습니다.

이 책에서 저자는 동일한 상황에서 정반대의 사건이 일어난 일화를 소개하고 있습니다.

레스토랑에서 서빙하던 웨이터가 실수로 손님의 옷에 와인을 쏟았습니다. 손님은 불같이 화를 내며 "지금 미쳤어? 내가 누군지 알아? 여기 지배인 나오라고 해!"라고 소리를 질렀습니다. 마침 그 자리에는 브렌다 반스라는 대형 의류기업 대표가 동석하고 있었는데, 그 모습을 보고 그 자리에서 즉각 계약을 취소했습니다. 웨이터에게 그렇게 대하는 사람이라면 비즈니스 파트너로 부적합하다고 판단했기 때문이었습니다.

또 하나의 사례는 웨이터의 같은 실수에 정반대의 반응을 보인 손님에 관한 이야기입니다. 그 손님은 "마침 아침에 샤워를 못 했는데 잘됐습니다. 사실 양복도 싸구려이니 너무 신경 쓰지 마세요"라고 했습니다. 그 자리에 동석했던 유명 IT기업인 위트니스 시스템 대표 데이브 굴드는 그 모습을 보고 계약을 하자고 제안했습니다. 웨이터를 대하는 태도를 보고 그 사람의 됨됨이를 알 수 있게 되었기 때문입니다.

스완슨은 '웨이터의 법칙'만큼 확실하게 사람을 구분하는 법은 없다고 주장했으며, 중요한 결정을 하기 전에는 파트너와 레스토랑에서 만나 식사하며 웨이터에게 어떻게 대하는지를 보고 일을 진행했다고 합니다.

이런 일이 웨이터에게만 해당될까요? 도로에서는 '초보 운전자의 법칙'이, 아파트에서는 '경비원 혹은 미화원의 법칙'이, 직장에서는 '팀원의 법칙'이, 콜센터에서는 '상담원의 법칙'이, 항공기에서는 '승무원의 법칙'이, 비즈니스에서는 '협력업체 직원의 법칙'이 적용되지 않을까요?

자신보다 지위나 권력이 낮다고 생각하는 사람들이 실수했을 때 그들을 대하는 태도를 보면 인격을 알 수 있습니다. 자신보다 지위나 권력이 높다고 생각하는 사람들 앞에서는 누구나 괜찮은 사람인 척할 테니 말입니다. 권력자에게는 비굴할 정도로 잘 하지만 자신보다 낮다고 생각하는 사람에게는 작은 실수조차 용납하지 못하고 가혹하게 대하는 사람들은 그만큼 인격이 성숙하지 못하다는 증거이겠지요.

## 회장님이 커피 세례를 받으셨어

세계 최대 항공사 아메리칸 에어라인AA의 여승무원 매디슨 피터스Madison Peters는 피닉스에서 댈러스로 가는 항공편의 퍼스트클래스 근무를 하게 됐습니다. 승객들에게 서비스하기 위해 음료를 채운 쟁반을 들고 가는데 앞서가던 승객이 통로에서 갑자기 멈춰서더니 뒷걸음질하기 시작했습니다. 눈 깜짝할 사이에 그 승객의 등이 쟁반과 부딪히자 쟁반 위의 음료들이 날아올라 절반은 그녀에게, 절반은 옆에 앉아 있던 승객 무릎에 쏟아졌습니다. 그녀는 너무 당황하여 그 자리에 얼어붙어 꼼짝을 할 수 없었습니다. 음료수 세례를 받은 그 승객은 다름 아닌 AA의 최고경영자인 더그 파커Doug Parker 회장이었기 때문입니다.

'호된 질책을 받지 않을까?' 염려하고 있는데 파커 회장은 너그럽게 웃으며 괜찮다고, 당신의 실수가 아니고 사고는 언제나 일어나기 마련이라며 오히려 위로를 해줬습니다. 파커 회장은 그래도 더 안심시켜 주어야겠다고 생각했는지 그 자리를 서둘러 치우고 근무 위치로 돌아가는 피터스에게 돌아와 별것 아니니 염려하지 말라면서 고향이 어딘지, AA에 오기 전에는 무슨 일을 했는지, 몇 년째 근무 중인지 친절하게 물었습니다. 그리고 사진까지 함께 찍으며 놀란 마음을 진정시켜 주었습니다.

파커 회장은 비행기에서 내리며 "평생 못 잊을 거예요"라며 농담을 하고 갔습니다.

피터스는 승무원 인스타그램에 그 사연을 올리고 "회장님이 웃어넘기는 모습과 태도가 너무 품위 있고 멋있었다"고 하며 "대부분 직장인은 자기 회사 회장님 만나보기도 힘들다던데, 나는 음료수로 샤워까지 하시게 했다"고 너스레를 떨었습니다.

최고경영자가 이렇게 너그러운 마음을 가지고 있다면 함께 일하는 직원들로부터 저절로 존경을 받게 되지 않을까요? 그런 면에서 이날 파커 회장이 직원에게 베푼 친절을 통해 피터스라는 승무원이 받은 것보다 더 큰 혜택을 받은 주인공은 파커 회장이었을 것입니다.

## 실수를 존중하라

몽골의 허허벌판에서 말을 탄 적이 있습니다. 어린아이들이 신기할 정도로 말을 잘 타길래 어쩌면 이렇게 말을 잘 타냐고 물으니 "말에서 천 번만 떨어져 보세요"라고 했습니다. 저도 천 번을 떨어졌더라면 그 정도는 아닐지 모르지만 말을 잘 탈 수 있었을 것입니다. 성공한 기업가들의 인생코치로 활동하고 있는 캐나다 작가 로빈 샤르마Robin Sharma는 "인생에서 실수란 없다. 오직 배움만이 있을 뿐이다"라고 했는데, 몽골의 어린이도 이에 못지않은 통찰을 가지고 있었던 것입니다. 미국의 경영컨설턴트 마셜 골드스미스Marshall Goldsmith 등 경제, 예술 등 각 분야의 세계적 석학 35인의 자녀교육법을 소개하는 『최고의 석학들은 어떻게 자녀를 교육할까?』에서 제시하는 자녀교육법 중 '실수를 존중하라'가 있습니다.

실수를 존중해야 하는 이유는 무엇일까요? 실수했다는 것은 무엇을 시도했다는 것이고, 시도했기에 배울 수 있기 때문입니다. 실수가 없다는 것은 시도하지 않은 것이고, 시도를 하지 않으면 새로운 깨달음을 얻을 수 없습니다. 그러니 자녀가 성장하기를 원하면서 실수하는 것을 용납하지 않는다면 그것은 어불성설입니다.

실수했을 때 중요한 것은 같은 실수를 반복하지 않도록 실수에서 교훈을 발견하게 도와주는 것입니다. 실수에 대하여 지적하고 비난할수록 자신감을 잃고 변명하거나 실수를 덮기 위해 거짓말을 하는 행동이 강화될 것입니다. 이미 벌어진 실수를 뒤돌아보며 죄책감과 후회 속에 살지 말고 앞으로 나가게 해주려면 실수를 대하는 부모나 관리자의 태도가 전향적으로 바뀌어야 할 것입니다.

MIT 슬론 경영대학원의 교수이자 『MIT 스타트업 바이블Disciplined Entrepreneurship』의 저자로 국내에 꽤 이름을 알린 빌 올렛Bill Aulet 교수가 서울에서 열렸던 세계 창업가 워크숍에서 한국이 벤처 창업을 꺼리는 이유를 설명하면서 "실패에 상대적으로 너그러운 미국과 달리 한국에선 실패를 받아들이는 걸 특히 어려워하는 것 같더군요. 하지만 실패가 없이는 과거에 없던 새로운 것을 만들 수 없습니다. 그게 가능하다고 주장하는 건 '여기에 너무나 먹음직스럽지만 칼로리는 0인 초콜릿케이크가 있어'라는 말만큼이나 허황된 거죠."라고 지적했는데, 실수나 실패에 대한 한국인들의 태도를 정확하게 꿰뚫어 본 것 같습니다.

실수하거나 실패했을 때 죄인처럼 낙인찍어 기죽게 하는 사회에서는 창조와 혁신을 기대하기 어렵습니다. 아마존의 제프 베조스 회장은 "실패와 혁신은 쌍둥이다. 이것이 우리가 1000억 달러의 매출을 하면서도 끊임없이 실패에 도전하는 이유다"라고 말했습니다. 지금 세계 최고의 기업들이 왜 '실패경영'이라 하여 실패를 장려하고 기억하려 하는지 깊이 새겨야 할 것입니다.

# 먼저 손 내미는 사람이
# 진정한 승자

## 용서는 새로 시작할 수 있게 하는 능력

미국 디트로이트에서 홀어머니와 함께 살던 에드워드 마텔Edward Martell
은 어머니로부터 높은 수준의 도덕과 윤리의식을 요구받고 자랐지만 어
린 나이에 유혹에 넘어가 소년법원을 들락거리다 17세에 고교를 중퇴하
고 가출했습니다. 이후 마약에 연루되었고, 할 수 있는 것이라곤 마약 파
는 일밖에 없어 그 일을 계속하다 27세에 그만 함정 수사에 걸려 체포되
었습니다. 구속 중 보석금을 내고 풀려난 상태에서 현행범으로 잡혔기에
최고 20년 형을 받을 수 있는 상황이어서 이제 끝인가 보다 했습니다.

그런데 예상과 달리 브루스 모로Bruce Morrow 판사는 집행유예 3년을 선

고하며 "사회로 돌아가 마약을 팔지 말고 미국의 경제 전문지 포춘이 선정하는 500대 기업의 CEO가 돼라. 더 늦기 전에 새 인생 살 기회를 줄 테니 잘살아 보라."는 한 가지 조건을 붙였습니다. 모로 판사는 농담조로 한 말이었지만 마텔은 그 말을 듣고 무슨 일이든 원하는 대로 할 수 있다고 믿었습니다.

마텔은 집행유예 3년 동안 독학으로 고졸 학력 인증을 받은 후 31세에 전문대학에 지원했습니다. 변호사가 되고 싶다고 하자 사람들은 냉난방 분야나 전공하는 게 어떻겠느냐고 비웃었습니다. 하지만 그는 뜻을 굽히지 않았습니다. 전문대학을 졸업한 후 디트로이트 머시대학에 전액 장학금을 받고 들어가 졸업한 후 또다시 로스쿨에 전액 장학금을 받고 입학했습니다. 그리고 마침내 변호사 시험에 합격했습니다.

이제 변호사가 되는가 보다 했는데, 전과 기록이 문제였습니다. 변호사 협회에 가입하려면 성품과 적합성 검사를 통과해야 하는데, 마약 거래 전과가 걸림돌이 된 것입니다. 마텔은 파란만장했던 지난날의 삶을 이야기하며 정상을 참작해 달라고 장문의 소명서를 제출했지만 허사가 될 위기에 처했습니다.

이때 모로 판사가 나섰습니다. 그동안 마텔과 정기적으로 만남을 가져왔던 판사는 지난 16년간 그가 얼마나 열심히 살아왔는지 상세하게 열거하며 마텔이 좋은 변호사가 될 수 있다고 호소했습니다. 심사위원들은 모로 판사의 간청을 받아들여 마텔을 변호사 협회의 정식 회원으로 승인했습니다. 마텔은 최종 승인 소식을 듣고 아이처럼 엉엉 울었습니다.

모로 판사는 법대로를 외치며 징역 20년 형을 선고할 수도 있었을 것입니다. 하지만 그는 피고인의 범죄만 생각하지 않고 과거가 무엇이든 현재 상황이 어떠하든 당신은 나아갈 수 있다고 말해 주었습니다.

독일 출신의 정치이론가 한나 아렌트Hannah Arendt는 인간이 새로 시작할 수 있는 건 '용서의 능력' 덕분이라고 했습니다. 인간은 악한 성품과 좋은 성품을 동시에 가지고 있습니다. 악한 성품이 드러나 타인에게 상처를 주기도 하지만 동시에 긍휼(불쌍히 여겨 돌보아 줌)과 사랑, 온유의 좋은 성품을 갖고 살아가는 불완전한 존재입니다. 따라서 누구든 살아가면서 타인에게 실수하고 상처를 줄 가능성이 높습니다. 우리는 용서받지 않으면 앞으로 나아갈 수 없습니다. 부모들은 자녀를 용서한다고 생각하지만 실은 아이들이 부모를 더 많이 용서하는지 모릅니다. 부모는 아이의 용서 덕분에, 자녀는 부모의 용서 덕분에, 직원은 상사의 용서 덕분에, 상사는 직원의 용서 덕분에 앞으로 나아갈 수 있습니다. 따라서 우리 모두는 용서의 빚을 지고 살아갑니다. 그 빚을 갚는 방법은 나에게 잘못한 사람을 용서하는 것입니다.

## 용서, 자기 존중의 최고의 형태

1986년 7월 12일, 미국 뉴욕시 경찰관 스티븐 맥도널드는 센트럴파크를 순찰하다 수상해 보이는 십대 무리와 마주쳤습니다. 경찰을 보고 달아나는 아이들을 쫓아가 잡았을 때, 15살짜리 소년이 그의 뒤로 돌아가 머리에 총을 쐈습니다. 맥도널드가 쓰러지자 그 소년은 그의 목에 두 번째 총을 발사했고, 한 번 더 총을 쏘고 달아났습니다. 상처가 너무 심해 소생이 힘든 상황이었지만 의료진들은 48시간 동안의 수술과 치료를 통해 기적처럼 맥도널드의 생명을 구했습니다. 하지만 목을 관통한 총알이 척추를 건드려서 팔과 다리를 움직이지 못하게 되었고, 산소 호흡기가 없이는 숨도 쉴 수 없을 정도로 비참한 상황에 빠지고 말았습니다.

사람들은 맥도널드가 어떻게 지내는지 궁금해했습니다. 몇 달 뒤, 맥도널드는 아내와 함께 기자회견을 했습니다. 놀랍게도 이들 부부는 자신에게 총을 쏜 그 소년을 용서했다고 발표했습니다.

"어떻게 그럴 수 있었나요?"라는 질문에 그는 이렇게 대답했습니다.

"척추에 박힌 총알보다 가슴속에서 자라는 복수심이 더 끔찍하다고 믿으니까요. 만약 복수심을 안고 살았다면, 영혼의 상처는 더 깊어졌을 것이고 주변 사람들을 더욱 아프게 했을 것입니다. 물론 힘들 때도 있습니다. 스스로 목숨을 끊고 싶었던 적도 있었으니까요. 그러나 결국 분노는 감정 낭비라는 것을 깨달았습니다. 물론 쉬운 일은 아니었습니다. 지금도 거의 매일 그날을 생각합니다. 하지만 그때마다 이렇게 말합니다. '그를 용서한 걸 후회하지 않아'라고 말입니다."


용서하는 것은 매우 힘든 일입니다. 그런데 그것보다 더 힘든 일은 용서를 하지 않는 것입니다. 만약 맥도널드가 가해자를 용서하지 않았다면 미움과 분노, 두려움이라는 부정적 감정이 그의 마음과 삶의 모든 부문으로 번져, 상처는 더 커지고 앞으로 나아갈 수 없었을 것입니다. 맥도널드가 그랬던 것처럼 오프라 윈프리는 어린 시절부터 자신에게 씻을 수 없는 상처를 준 사람들을, 넬슨 만델라는 27년간 자신을 감옥에 가둔 사람들을 용서함으로써 증오의 감옥에 갇힐 뻔한 자신을 놓아주었습니다. 그리고 앞으로 나아갈 수 있었습니다.

오프라 윈프리는 "용서는 자신에게 주는 최고의 선물이다. 용서란 상대방을 위해 면죄부를 주는 것도 아니고, 결코 상대방을 정당화하는 것도 아니며, 나 자신이 과거를 버리고 앞으로 나아가기 위해 하는 것이다"라며 자신을 위해 용서하라고 했습니다. 용서는 궁극적으로 나를 자유롭게 하고 앞으로 나아가게 한다는 면에서 자기 존중(self-respect)의 최고의 형태라 할 수 있습니다.

## 진정한 용서란 무엇인가

용서해야 한다는 것은 알지만, 용서한다는 것은 참으로 어려운 일입니다. 영국의 시인 알렉산더 포프Alexander Pope는 "실수는 인간의, 용서는 신의 영역에 속한다."라는 말로 인간의 의지로는 용서가 결코 쉽지 않음을 표현했습니다.

달마대사도 "마음, 마음, 마음이여. 참으로 알 수 없구나. 너그러울 때는 온 세상을 다 받아들이다가도 한번 옹졸해지면 바늘 하나 꽂을 자리가 없다니"라고 하여 마음이 옹졸해지면 도저히 남을 용서할 수 없는 우리의 처지를 잘 묘사하고 있습니다.

완전한 용서란 '결단의 용서'와 '정서적 용서'가 이루어진 상태를 말합니다. 결단의 용서란 의지적으로 용서하기로 결단하고 이를 실천하는 것입니다. '정서적 용서'란 상대에 대한 분노와 두려움 등 부정적 정서를 이해와 긍휼, 사랑을 통해 긍정적 정서로 대체시키는 것을 이릅니다. 마치 손양원 목사님이 아들을 죽인 자를 양아들로 삼았듯 말입니다. 하지만 완전한 용서를 모든 사람에게 요구하는 것은 적절하지도 않고 실현 가능성도 없어 보입니다. 제가 이 책에서 주장하는 수준의 용서는 '결단의 용서'입니다. 사회생활을 하면서 불편을 초래하지 않고 원만하게 일을 처리해 나가려면 이 정도의 용서만 잘 해도 아주 훌륭한 일이기에 말입니다. 결단의 용서를 잘 지키려면 다음과 같은 실천 행동이 필요합니다.

**첫째, 용서한 일에 대하여 더 이상 생각하지 않는다.**

용서했으면 그 일을 깨끗하게 잊고 과거에 가졌던 부정적 감정들을 버려야 합니다.

**둘째, 용서한 일을 다시 거론하지 않는다.**

용서해 주었으면 그것으로 '쿨하게' 끝내야 합니다. 무슨 일이 있을 때마다 이미 지난 일을 다시 들추어내어 언급하는 것은 용서의 진정성에 의심을 사고 과거의 상처를 더 키울 뿐입니다.

**셋째, 용서한 일을 다른 사람들에게 말하지 않는다.**

용서한 일을 다른 사람들에게 자랑삼아 이야기하는 것은 소인배들이나 하는 행동입니다. 이런 행동은 다른 사람들에 의해 왜곡되어 당사자에게 전해져 용서의 효과를 반감시키고 이전보다 더 나쁜 결과를 초래할 수 있습니다.

자동차 사고가 났을 때 과실 비율을 따지듯이 '상대가 더 많이 잘못했으니 그 사람이 사과하기 전까지는 나는 절대 그 사람을 용서할 수 없어'라는 태도로 살아간다면 인간관계는 황폐해지고 평생 미움의 감옥에 갇혀 살아야 할 것입니다. 먼저 손을 내미는 사람이 진정 이기는 자입니다.

용서란 이미 일어난 나쁜 일이 비록 나의 과거를 망가뜨렸을지언정 오늘과 미래는 결코 파괴할 수 없다는 힘찬 자기 선언이다.
-프레드 러스킨

# 잘난 척하는 사람을 스승으로 모셔라

## 왕따가 된 이유

Y여사는 친구들 모임에서 왕따가 됐습니다. 자식 자랑을 유독 많이 했기 때문입니다. 자식이 공부를 얼마나 잘하는지, 명문대를 졸업하고 대기업에 취직해서 연봉이 얼마인지 등등 끊임없이 자랑을 하였습니다. 친구들 중에는 자녀가 공부를 잘하지 못하거나 취업이 되지 않아 고민인 사람들도 있는데 만날 때마다 자랑을 일삼으니 사람들이 얼마나 불편했을까요? 자랑은 듣는 사람의 열등감을 자극하여 마음의 벽을 쌓게 될 가능성이 높습니다. 지혜로운 사람은 잘난 척을 하기보다 오히려 자신의 약점을 고백합니다. 약점을 이야기하면 공감대가 생겨 더 친해지고 신뢰감이

두터워질 가능성이 높습니다.

그런데 잘난 척을 새로운 관점으로 받아들이면 오히려 성장과 발전에 도움이 될 수 있습니다. 내 입장에서는 잘난 척을 하면 부작용이 발생할 가능성이 있으니 조심해야 하겠지만, 굳이 타인의 잘난 척을 무시하거나 배척할 필요는 없어 보입니다. 제가 만난 경영자들 중 상당수는 자랑하고 싶은 것이 많은 것 같았습니다. 저는 이들의 잘난 척을 잘 들어주고 배우려 노력합니다. 이분들의 얘기를 들으며 경영자는 아무나 되는 것이 아니구나, 겉으로는 평범해 보이지만 내면에는 비범함이 있구나, 하는 생각이 들 때가 많습니다. 잘난 척하는 사람은 잘난 척할 만한 사람이라고 인정하면 그들 모두가 나의 스승입니다. 그들의 얘기를 재미있게 들어주니 그분들도 저를 좋아합니다. 인간은 누구나 인정받고 싶은 욕구가 있습니다. 자랑할 일이 있는데도 입 닫고 있는 것도 쉬운 일은 아닙니다. 잘난 척에 상처받아 봐야 나만 손해일 것입니다.

## 다재다능한 인재가 된 비결

광주광역시 경영자총협회 조찬 특강에 갔다 장진규 선생을 만났습니다. 강의를 마치고 카페에서 잠깐 대화를 나누었습니다. 제빵회사에 다니다 베이커리를 창업하여 크게 성공했고 지금은 동생에게 경영을 넘긴 후 다양한 영역에서 활동하며 인생을 즐기며 살고 있다는 얘기를 듣고 헤어졌습니다. 이분은 도대체 못 하는 게 뭘지 궁금할 정도로 다양한 재능을 가진 분이었습니다.

시(詩), 서예, 판소리 실력이 수준급이어서 각종 대회에 참가하여 입선한 경력을 갖고 있었습니다. 광주광역시 문인협회 사무차장으로 전국의 많은 분들과 교류하며 자연을 배우고 사람을 배우는 일에 참 열심인 분이었습니다. 한번은 장진규 선생에게 전화를 하여 어떻게 그렇게 다재다능할 수 있느냐고 물으니 남들이 자기 자랑을 할 때 나도 저분처럼 되어 봐야지, 하고 따라 하다 보니 자기 발전으로 이어지더라고 대답했습니다. 잘난 척하는 분들을 인정하고 스승으로 삼아 존경하며 따르고 배우다 보니 최대 수혜자가 바로 자신이 되었던 것입니다. 잘난 척한다고 배척하지 말고 통 큰 마음으로 잘난 척을 포용하면 꽤 괜찮은 사람들의 친구가 될 수 있을 것입니다.

잘난 척은 삼가고 타인의 잘난 척에서 배우는 지혜로운 사람이 되어야겠습니다.

# 결점을 친절하게 말해 주는
# 친구를 가까이하자

## 반대하는 사람이 몇 명만 있었더라도

"나에게 No라고 하는 사람이 몇 명만 있었더라면…."

　모 그룹의 Y회장이 한 경영자포럼의 강연 중에 하신 말씀입니다. 부실
건설회사를 인수한 일 때문에 자신이 성공적으로 일구어낸 기업을 매각
할 수밖에 없었던 회한의 말씀을 들으며 가슴이 아팠습니다. 그분이 기
업을 일구는 과정에서 보여주신 노력과 성취, 모범적이고 차별적인 경영
능력은 많은 분들에게 귀감이 되었다고 생각하기 때문입니다.

　그분은 손만 대면 모두 성공시키는 마이다스의 손을 가진 분이었습니

다. '하면 된다', '할 수 있다'라는 확고한 신념으로 많은 것을 성취해 오신 분이었기에 자기확신을 가졌던 게 분명합니다. 임직원들도 그런 회장님을 늘 보아왔기에 회장님이라면 반드시 건설회사도 성공시킬 것이라고 생각했던 것 같습니다.

하지만 그것이 그분에게는 가장 큰 약점이었는지 모릅니다. 부실 건설회사를 인수하는 과정에서 치열한 토론이 있어야 했는데, 아무도 실패를 상상하지 못했습니다. 그런 분위기에서 "회장님, 그 문제는 재고해 보셔야겠습니다"라고 말할 사람이 없었던 모양입니다. 반대 의견이 없는 조직이 얼마나 위험한지를 보여주는 사례입니다.

'전략적 결정' 분야에서 세계 최고 전문가로 꼽히는 프랑스 HEC파리의 올리비에 시보니Olivier Sibony 교수는 30여 년간 미국과 유럽 기업 수백여 곳을 컨설팅하며 기업의 의사 결정 구조에 관한 연구를 통해 '리더가 뛰어나도, 의사 결정 문화가 잘못된 조직은 실패할 수 있다'라는 결론을 얻었습니다.

시보니 교수는 "많은 기업이 '위대한 리더'를 맹신(盲信)하다, 실패하면 모든 책임을 리더 탓으로 돌린다"라며 이는 매우 잘못된 일이라고 지적했습니다.

CEO나 오너가 항상 옳을 수는 없습니다. 따라서 좋은 의사 결정을 하기 위해서는 좋은 시스템을 만들어야 합니다. 그중의 하나가 반대 의견을 청취하는 것입니다.

글로벌 기업들 중에는 레드팀Red Team 혹은 악마의 대변인 Devil's Advocate

을 두 명 정도 지정하여 안건에 대하여 실패할 수밖에 없는 이유를 들어 반대 의견을 주장하도록 하고 있습니다. 레드팀이란, 미군이 모의 군사 훈련 때 아군을 블루팀, 적군을 레드팀으로 이름 붙여온 데서 비롯되었습니다. 레드팀은 조직 내부의 주요 의사 결정에 개입되지 않은 사람들로 구성된 독립적인 팀으로, 경쟁자들처럼 생각하고 시뮬레이션하여 기존의 가설을 검증하고, 취약점이 무엇인지 파악하고, 나아가 대체 방안을 분석하는 과정을 거쳐 복잡하게 얽힌 문제에 대하여 새로운 시각으로 해결책을 제시하는 역할을 수행합니다.

에릭 슈미트 전 구글 회장은 자신의 저서 『구글은 어떻게 일하는가?』에서 반대를 의무화해야 하는 이유를 다음과 같이 설명했습니다.

"반대할 의무를 부여하라. 실력주의가 자리 잡으려면 '반대할 의무'가 존재하는 문화가 필요하다. 어떤 아이디어에 잘못이 있는데도 반대 의견 없이 채택되면 비난받아 마땅하다. 일반적으로 사람들은 반대 의견을 내세울 때 불편해한다. 바로 이것이 반대 의견이 선택사항이 아니라 의무가 되어야 하는 이유다."

반대 의견을 말해야 한다고 압박한다고 해서 이런 문화가 정착될 수는 없습니다. 어떤 이야기를 해도 아무런 불이익이 없다는 확신, 즉 심리적 안전감psychological safety을 제공할 수 있어야 합니다.

'민주주의의 반대는 공산주의가 아니라 만장일치'라는 말이 있습니다. 우리는 만장일치를 아름답게 보는 경향이 있습니다. 실은 만장일치야말로 가장 위험한 결정일지 모릅니다. 세상에 모든 사람이 동의하는 일은 흔치 않기 때문입니다.

미국 건국의 기초자로서 제3대 대통령을 지낸 토머스 제퍼슨은 "반대는 애국심의 최고의 형태다"라는 말을 했습니다. 그렇습니다. 반대는 최고의 충성심, 최고의 애사심일 수 있습니다. 그들을 문제 있는 사람으로 볼 것인가, 그들의 말 속에 진실이 숨어 있다고 볼 것인가, 그것이 그 사람의 마음 그릇, 즉 포용의 크기일 것입니다.

## 달리오 회장은 어떻게 세계 최고의 기업을 만들었나

"레이, 당신은 오늘 50분 동안 횡설수설하더군요. 전혀 준비하지 않은 게 분명했어요. 그 고객은 반드시 유치했어야 했는데…. 오늘 정말 엉망진창이었습니다. 다시는 이런 일이 있어서는 안 됩니다."

세계 최대 규모의 헤지펀드사인 브릿지워터 어소시에이츠Bridgewater Associates의 설립자 겸 CEO 레이 달리오Ray Dalio 회장이 고객과 투자 상담을 한 이후 그 자리에 배석했던 직원으로부터 받은 이메일 내용입니다. 아무리 열린 마음으로 반대 의견을 경청하는 경영자라 해도 그 직원이 온전했을까, 라고 생각하게 됩니다.

놀라운 일은, 달리오 회장은 이 메일을 전 직원에게 공개하면서 이 직원을 본받으라고 했다고 합니다. 달리오 회장의 마음 그릇을 짐작케 합니다.

메일을 보냈던 직원은 어떤 마음이 들었을까요? 진정한 반대 의견을 존중해 주는 달리오 회장에게 감사하고 이런 기업에서 근무하는 것에 큰

자부심을 가졌을 것입니다.

브릿지워터의 중요한 원칙 중 하나는 '뒷담화 금지'라고 합니다. 하고 싶은 얘기는 앞에서 하되 뒷담화는 용서하지 않는다는 것입니다. 이는 최고경영자에게도 마찬가지입니다. 인사평가에서도 자신의 주장을 당당하게 하는 직원을 높이 평가한다고 합니다.

그래서일까요? 신입사원들 중에는 앞에서 비판하는 것에 압박감을 느껴 그만두는 경우가 많다고 합니다. 하지만 적응 기간을 지나고 나면 회사를 떠나는 직원이 거의 없다고 합니다. 그도 그럴 것이, 하고 싶은 이야기를 마음껏 해도 안전하다는 심리적 안전감이 있으니 조직을 떠날 리가 없을 것입니다. 달리오 회장은 "서로 의견이 충돌할 때 화를 내는 것은 의미가 없다. 의견 충돌은 위협이 아니라 배우는 기회이다. 승자는 무언가를 배운 후 생각을 바꾼 사람이다"라고 말합니다. 반대 의견을 존중하는 그의 철학을 엿볼 수 있습니다.

지금 기업에는 역사상 가장 뛰어난 인재들이 들어오고 있습니다. 이들의 입에 조직의 미래가 달려 있을지 모릅니다. 직원들의 입을 열게 해야합니다. 직원들이 하는 말을 포용해야 혁신적인 조직을 만들고 더 큰 기업을 만들 수 있기 때문입니다. 인재혁신센터의 휴렛 소장은 「하버드 비즈니스 리뷰」에 기고한 글에서 "직원들이 자유롭게 의견을 말하는 문화에서는 각자의 혁신 역량이 온전히 발현될 가능성이 3.5배에 이른다"라고 했습니다.

당신이 속한 조직에서는 직원들이 자유롭게 입을 열고 있습니까? 아니면 닫고 있습니까?

## 나에게 아픈 지적을 해줄 사람이 있는가

모 기업의 신입사원 선발을 위한 외부 면접요원으로 참여한 적이 있습니다. 면접에서 제가 했던 질문 중 하나는 "지금까지 살아오면서 들었던 충고 중 자신에게 가장 쓰라린 충고는 무엇이었으며, 그 충고가 삶에 어떤 영향을 주었는지 설명해 보세요"였습니다. 예상을 벗어난 질문이었는지 일부 지원자는 당황하며 "글쎄요, 생각해 보지 못했습니다"라고 대답했지만, 쓰라렸으나 크게 약이 된 충고에 대해 이야기하는 지원자도 있었습니다. 그 질문을 한 이유는 '반대 의견을 받아들일 마음 그릇을 가졌는지', '반대의견에서 배우려는 자세가 되어있는지'를 보기 위함이었습니다.

『연탄길』의 저자 이철환 작가는 처음에 원고를 써놓고 이 정도의 원고라면 즉시 출판이 될 줄 알았다고 합니다. 그런데 이 책은 출판사에서 5번이나 거절을 당했습니다. 그는 거절한 출판사를 찾아 원고에 어떤 문제가 있는지를 물으며 수정을 해서 6번째 출판사에서 출간하게 되었습니다. 그는 이 책이 성공한 이유는 5번의 거절과 5번의 비판 덕분이라고 했습니다. 그는 한 강의에서 "진심 어린 비판을 수용할 수 있어야 하고, 진심 어린 비판을 해줄 수 있어야 한다", "진심 어린 비판을 험담으로 여기면 클 수 없다"고 말했습니다.

돌이켜 보면 반대 의견이야말로 나를 돌아보게 하고 깨우쳐 성숙하게 만든 위대한 스승이었습니다. 나의 약점이나 반대 생각을 친절하게 전해 주는 사람이 있습니다. 그 사람은 하늘이 나에게 보내준 선물입니다. 그를 존중하는 것은 결과적으로 내가 성숙해지고 단단해지는 길이기 때문입니다. 그러한 면에서 한 달 동안 나쁜 소식을 전해 준 사람이 한 사람도 없다면 나는 지금 매우 위험한 사람일지 모릅니다.

반대는 애국심의 최고의 형태이다.
-토마스 제퍼슨

# 5

# 사랑한다면 자유를 허하라

존중과 자유

# 최고의 존중은
# 자유를 주는 것

## 사랑할수록 자유를 허하라

한 명문 대학 학생이 자살 충동을 느껴 학교 상담센터를 방문했습니다. 사연인즉슨 대학 입시 때 원서 접수는 물론 학교와 전공 선택을 비롯한 모든 결정을 엄마가 했는데, 이제는 성인이 되었으니 학교 생활은 자신이 결정할 줄 알았지만 엄마가 여전히 모든 것을 결정하고 있다는 것이었습니다. 심지어 수강 신청 때 아이디와 비밀번호까지 알고 있는 엄마가 과목이 잘못되었다며 일방적으로 변경하기까지 하는 것을 보고 이렇게 살 바에는 차라리 죽는 것이 낫겠다고 했습니다.

지능이 높고 부모의 아낌없는 지원으로 학교에서는 훌륭한 성적을 냈지만 스스로 무언가를 결정해 본 경험이 전무(全無)한 이 청년이 인생이라는 더 큰 시험을 잘 헤쳐나갈지는 의문입니다.

직장 상사에게 자녀 대신 전화하여 '아파서 출근하지 못하겠다'라고 통보하는 부모들, 부대의 상관에게 연락하여 '우리 아이가 컨디션이 안 좋으니 근무 시간을 변경해 달라'고 하는 부모들이 있다는 얘기를 듣곤 합니다. 그것은 자녀를 어린아이 취급하는 일입니다.

아마 이 학생의 어머니는 자녀를 끔찍하게 사랑(?)하는 사람임에 틀림없습니다. 그런데 엄마가 사랑한 것은 무엇이었을까요? 성적, 좋은 학교, 졸업 후 엄마가 기대한 직업을 갖는 것… 이런 것들 아니었을까요?

김형석 교수님은 누군가를 사랑한다고 할 때 조건이 있는데, 그 조건을 충족할 때 누군가를 진정으로 사랑했다고 할 수 있다고 하셨습니다. 첫 번째 조건은 그 사람의 자유를 사랑하는 것이라고 하셨습니다. 교수님이 말씀하시는 자유의 핵심은 선택입니다. 스스로 선택하게 하고 그 결과에 책임지는 것을 사랑하라는 것입니다. 선택하고 책임지는 과정에서 성공도, 실패도, 기쁨도, 고통도 경험하면서 장애를 이겨낼 인생근육을 키우는 법인데, 실패나 고통의 가능성을 제거해 주는 것이 사랑이라고 착각하는 사람이 있습니다.

가끔 바닷가나 산에서 암석 위에 자라고 있는 나무나 풀을 볼 때가 있습니다. 참 신기하고 놀랍습니다. 그곳에 사람이 씨를 뿌리고 물을 주었다면 자랄 수 있었을까요? 아마 불가능했을 것입니다. 스스로 뿌리내려 자라며 뜨거운 태양과 염분이 섞인 바닷물, 태풍을 견디며 자랐기에 강하게 버틸 힘을 갖게 되었을 것입니다. 마찬가지로 우리의 자녀들에게 강한 인생근육을 만들어주려면 성장 과정에서 겪는 기쁨과 고통을 오롯이 아이의 것으로 만들어주어야 합니다.

그런데 이것이 꼭 부모와 자녀만의 문제일까요? 부부간에는 어떻습니까? 자신의 스타일대로 개조하려는 것을 사랑이라고 착각하고 사는 사람들, 부하의 일거수일투족을 간섭하면서 모든 결정은 혼자 다 하는 상사들, 친구랍시고 이래라저래라 함부로 말하는 사람들, 모두 마찬가지 아닐까요?

사랑이라는 미명하에 상대에게 선택을 강요하면서 자유를 빼앗고 있는 일이 얼마나 많은지요. 사랑할수록 자유를 허락하십시오. 그것이 최고의 사랑이고 최고의 존중이니까 말입니다.

## 경계 존중, 존중의 시작

국가 간에 경계가 존재하는 것처럼 사람과 사람 사이에도 개인적인 경계가 존재합니다. 부부, 친구, 동료, 상사와 부하 간에도 말입니다. 경계란 눈에 보이는 선으로 그어 놓은 것도 아니고 법으로 정한 것도 아니지만 누구나 존중받아야 하는 물리적, 신체적, 언어적, 정서적, 시각적 개인 영역을 의미합니다. 국가의 경계를 함부로 넘을 수 없듯이 개인의 경계 또한 함부로 넘지 말아야 합니다. 경계를 존중한다는 것은 각자의 경계 안에서 누릴 수 있는 자유를 함부로 침해하지 않는 것입니다. 따지고 보면 요즘 우리 사회 곳곳에서 벌어지는 갖가지 무례한 행동들은 바로 그 경계를 존중하지 않는 것에서 비롯되는 경우가 많습니다. 일상 속에서 발견할 수 있는 경계 침해의 사례는 다음과 같은 것들입니다.

물리적 경계 침해
- 동의 없이 상대방의 소유물을 사용하거나 함부로 만지기
- 노크 없이 상대방의 공간에 들어가기
- 허락 없이 타인의 PC나 스마트폰을 들여다보기
- 허락 없이 타인의 메모나 서류 들춰보기

신체적 경계 침해
- 상대방의 동의 없이 신체 접촉하기
- 친근감을 표현하려는 의도로 손으로 툭툭 치거나 발로 차기
- 상황에 맞지 않는 악수 요청(예, 팬데믹 상황 등)

언어 · 정서적 경계 침해
- 소리 지르기
- 말로 위협하기
- 결정 강요하기
- 취향 강요하기
- 사생활 캐묻기
- 스토킹, 상대방 의사를 무시하고 찾아가기

시각적 경계 침해
- 남의 신체 엿보기
- 일방적으로 자신의 신체 보여주기
- 음란물 보여주기

- 상대방의 동의 없이 사진 혹은 동영상 유포하기
- 타인에게 불쾌감 주는 유인물 게시하기

시간적 경계 침해

- 근무 시간 이후에 업무적으로 연락하기
- 공휴일에 연락하여 업무 요청하기
- 불쑥 전화하여 함부로 약속 요청하기
- 공적인 시간에 사적인 일 시키기

소나무는 주변에 나무들이 **빽빽하게** 들어서면 고사(枯死)한다고 합니다. 나무 사이에 적정한 간격이 있어야 바람과 햇빛이 흐르고 물도 흘러 건강하게 자랄 수 있는데, 간격이 너무 좁으면 그런 흐름들을 막아버리기 때문입니다. 사람 사이도 마찬가지입니다. 상처를 주는 사람들은 멀리 있는 사람이기보다 가까이에 있는 사람들일 가능성이 높습니다. 이유가 무엇일까요? 친하다는 이유로 간격을 무시하고 경계를 함부로 침해하기 때문입니다. 코로나19에 감염되지 않기 위해서는 사회적 거리 두기가 필요한 것처럼 건강한 관계를 유지하기 위해서는 적정 거리, 즉 경계를 존중할 줄 아는 성숙함이 필요하지 않을까요.

사랑을 이해하기 원한다면 먼저 자유에 대하여 배워라.
-파울로 코엘료, 브라질 소설가

# 건강한 가족의
# 비결은 자유

## 한 지붕 네 가족이 평화롭게 사는 비결

네 가족이 함께 한집에 살면서 평화롭고 행복하다는, 비현실적으로 보이는 삶의 주인공이 있습니다. 바로 신달자 시인입니다. 시인은 딸 셋을 두고 있는데, 한 지붕 네 가족 3대가 함께 모여 살고 있습니다. 어느 날 사위들끼리 술을 마시다 장모님이 연세도 많으신데 함께 살면 어떻겠냐고 제안하여 이루어진 일이라고 합니다. 이들은 땅을 사서 건물 세 채가 삼각형 모양으로 붙어 있는 집을 짓고 삽니다. 현실적으로는 어려움이 많을 것이라는 생각이 들지 않으시나요? 시인의 친구들도 '혼자 편하게, 살지 뭐하러 자식들 끼고 사느냐'고 반대했다고 합니다. 그런데 지금 시인

224

은 매우 만족하고 행복하다고 합니다. 비결이 무엇일까요?

한 언론과의 인터뷰에서 "나는 딸들 집 안 가는 게 원칙이에요. 집 비밀번호도 모르고요. 예의를 지키지 않으면 함께 못 살아요. 만약 눈이 왔는데 누가 치웠다면 꼭 고맙다고 말해요. 내가(다른 가족보다) 좀 더 고생한다고 느끼기 시작하면 곤란하거든요"라고 말했습니다. 시인의 삶에서 사랑할수록 자유를, 경계를 존중해야 함을 배웁니다.

이들 가족이 함께 있지만 서로 좋은 관계를 이어갈 수 있는 비결은 바로 '적정 거리'를 잘 유지하는 예의, 즉 경계를 존중하는 태도였습니다.

요즘 고부갈등을 넘어 장서(丈壻) 갈등, 즉 장모와 사위 간의 갈등이 흔해지고 있다고 합니다. 맞벌이하는 딸 부부의 아이를 돌봐주기 위해 함께 살거나 가까이에 살면서 수시로 들락거리다 보니 사위와 손주들에게 사사건건 간섭하다가 다툼이 일어나는 일도 있다고 합니다. 심지어 딸과 사위에게 묻지도 않고 손주를 특목고에 진학시킨 일로 갈등이 생겨 결국 딸과 사위가 이혼한 일도 있다고 합니다. 이쯤 되면 병리적 현상이라고 할 수 있지 않을까요?

## 은퇴 후 더 행복한 박향선 명장이 사는 법

한국꽃예술작가협회 이사장을 역임하신 박향선 명장은 평생 꽃과 함께 살아오면서 꽃예술 발전에 남다른 공로를 남긴 분으로, 많은 후학들이 배우고 싶어 하는 플로럴 아티스트입니다.

어떤 이들은 은퇴 후 부부 갈등이 심해져 황혼이혼이 늘어나고 있다는 데, 이들 부부는 변함없이 평화롭고 행복하게 지내고 있습니다. 매우 존경하는 분이어서 그렇게 살 수 있는 비결을 묻기도 하고 직접 방문하여 두 분이 사는 모습을 살펴볼 기회가 있었습니다. 그 비결은 역시 적정 거리, 즉 '서로에게 물리적, 정신적 공간을 허락해 주는 것'이었습니다.

박 명장의 집을 방문할 때마다 느끼는 것은 조용하다는 것입니다. 부부 사이에 대화를 많이 해야 한다고 하는데, 이들 부부는 하루 종일 조용합니다. 독서를 좋아하는 남편이 책을 읽고 있는 시간에 박 명장은 다른 방에서 꽃꽂이 연구와 강의 준비를 합니다. 그러나 도움이 필요할 때는 요청하고 기꺼이 돕습니다. 박 명장은 20대부터 평생 교회의 꽃꽂이 봉사를 해오셨는데, 비즈니스로 바쁘다 보니 어떨 때는 새벽에, 어떨 때는 밤늦은 시간에 꽃꽂이하는 일이 많았습니다. 하지만 남편은 불평하지 않고 열심히 아내를 도왔습니다. 집 앞의 산으로 산책을 나갈 때는 함께 갈 때도 있지만 꼭 함께 가야 한다고 강요하지도 않습니다. 이들 부부는 전적으로 배우자의 선택을 존중해 줍니다.

함께한다는 것은 물리적 공간에서 가까이 있는 것만을 의미하지는 않습니다. 부부 사이를 튼튼하게 연결해 주는 힘은 배우자에게 자유를 주고, 인정하고 배려해 주는 성숙한 태도, 즉 존중입니다.

## 그는 왜 은퇴 후 불행해졌나

박충실(가명) 씨는 입사 이후 평생 회사가 전부인 것처럼 새벽부터 밤늦게까지 열심히 일하여 상무의 지위까지 올라갔습니다. 아내도 일에 바쁜 남편이 걱정하지 않아도 될 만큼 살림도 잘하고 자녀교육도 나름 잘했다는 소리를 들으며 주위의 부러움을 샀습니다. 하지만 박 씨는 은퇴 이후 아내와 다투는 일이 빈번해졌고, 급기야 아내를 폭행하기까지 했습니다. 결국 자녀들까지 나서서 엄마에게 아버지와 이혼하라고 권할 지경에 이르렀습니다.

은퇴 후 집에 머무는 시간이 많다 보니 가만히 있는 성격이 아닌 박 씨는 청소와 설거지를 하는 등 나름 좋은 남편이 되기 위해 노력했습니다. 그런데 이상하게 아내와의 거리는 점점 멀어져 갔습니다. 직장생활을 할 때는 몰랐는데, 집에 있다 보니 아내의 행동에서 못마땅한 것들이 보이기 시작했습니다. '아내가 그동안 이렇게 지저분하게 살았나?' '전화는 왜 이리 오랫동안 하는 거지'라는 생각이 드는 일이 많아졌고, 그럴 때마다 지적하는 일이 많아졌습니다. 급기야 냉장고를 열어 보고 "이게 쓰레기장이지 음식을 저장하는 곳인가"라며 경계를 넘는 발언을 하고 말았습니다. 그렇지 않아도 은퇴 후 이런저런 잔소리가 늘어나 힘들었던 부인도 화를 참지 못하고 "잔소리 지겨워요. 제발 나가서 돈 좀 벌어오세요" 하며 남편의 자존심을 건드렸습니다. 두 사람은 그렇게 돌아올 수 없는 강을 건너고 있었습니다.

평생 성실하게 살아온 분들이 은퇴 후에는 전보다 더 행복해야 하는데, 실제로는 그렇지 않은 경우가 많은가 봅니다. 그것이 꼭 돈의 문제라기보다는 가족 간에도 경계가 존재함을 인식하고 함부로 침해하지 말아야 한다는 존중의 원리를 망각했기 때문인 것 같습니다.

이런 현상을 설명하는 증상으로 '은퇴증후군'과 '은퇴남편증후군'이라는 용어가 있습니다. 은퇴증후군은 은퇴한 사람들이 겪는 은퇴 전후의 정신적 혼란이나 분노, 절망감 등이 배우자나 자녀 등 주변 사람들에게 표출되는 현상을 말합니다. 은퇴남편증후군은 은퇴한 남편들이 쏟아내는 은퇴증후군의 직접적인 피해자라고 할 수 있는 아내들의 신경이 날카로워지거나 이유 없이 아프게 되는 현상을 이릅니다. 일본에서는 은퇴남편증후군이 이미 1990년대 초반 스트레스성 정신질환으로 분류될 정도로 사회적 이슈가 되기도 했는데, 우리나라도 예외가 아닌 것 같습니다.

사랑이라는 이름으로 가족을 소유물로 여기거나 내 생각을 당연히 받아들여야 하는 존재로 생각하여 자유를 억압하면 숨 막히는 삶이 될 것입니다. 나이 들어갈수록 경계를 존중하여 더 관대해지고 자유롭게 해주는 넓은 마음을 가져야 행복한 노후가 열릴 것입니다.

사랑하는 사람과 살기 위해서는 한 가지 비결이 필요하다. 상대방을 바꾸려 하지 말 것.
-자크 샤르돈느, 프랑스 작가

# 창조적인 조직은
# 자유를 먹고 자란다

## 중국이 '별그대'를 만들지 못하는 이유

2013년 전지현과 김수현이 주연한 드라마 '별에서 온 그대(별그대)'가 중국에서 시청률 1위를 기록했습니다. 촬영지인 인천에는 중국인 관광객 4,500명이 동시에 몰려와 드라마의 주인공들처럼 치맥 파티를 여는 진풍경이 연출되기도 했습니다. 시진핑 주석이 "왜 중국은 한국처럼 좋은 드라마를 만들지 못하느냐?"고 질책을 하기도 했다고 합니다.

여러분이라면 시 주석의 질문에 어떻게 대답하시겠습니까? 저는 불가능하다고 봅니다. 그 이유는 바로 자유입니다. 역사적으로 창조적인 산업을 일으키고 발전시킨 나라들은 대부분 자유를 신장하기 위해 노력한

국가들이었습니다. 중국은 언론은 물론 국민들이 정치적 의사 표시를 자유롭게 할 수 없을 뿐 아니라 정부가 문화, 예술, 빅테크 기업 등을 철저하게 통제하고 있습니다. 뉴욕타임스 칼럼니스트 토머스 프리드먼Thomas Friedman은 이미 2009년에 "국민들이 상상력과 새로운 아이디어를 파생하는 능력을 키울 수 있는 사회만이 생존할 수 있다"며 언론 자유를 통제하는 것은 중국의 가장 큰 약점이고, 이는 상상력의 빈곤으로 이어져 경제의 발목을 잡을 것으로 예상했습니다. 최근 중국 정부의 통제 범위와 강도가 전 분야에 걸쳐 더 강화되는 것으로 보아 당분간 중국이 창조산업의 선두 주자가 되기에는 역부족이라 생각합니다.

우리나라만 해도 '가사가 시대에 맞지 않는다', '퇴폐적이다', '왜색적이다', '체제 저항적이다', '가사가 마음에 안 든다' 등 갖가지 이유를 들어 수백 곡을 금지곡으로 지정했던 시절이 있었습니다. 그러다가 민주화 이후 예술 분야에 대한 규제를 없애고 자유를 허용하자 한류의 싹이 트기 시작했고, BTS를 비롯한 한류 스타들이 대한민국의 위상을 바꾸고 있습니다. 만약 이들에게 과거의 기준을 들이대면서 자유를 억압했다면 현재의 한류 열풍은 불가능했을 것입니다. BTS 탄생의 주역 방시혁 대표는 MBC '위대한 탄생'의 멘토로 출연하여 냉혹한 평가와 독설로 시청자들의 비호감을 산 적이 있습니다. 하지만 그런 형태의 분노 표출이 결코 좋은 결과를 가져올 수 없다는 걸 깨닫게 되었다고 합니다. 그는 한 방송 강연에서 BTS 멤버들의 천재성에 주목하여 몇 가지 중요한 원칙만 제시하고 나머지는 완전한 자유를 허락했다고 했습니다. 저는 그것이 BTS가 창조적인 그룹이 될 수 있었던 비결이라 생각합니다. 이것이 예술가들에게만 필요한 것일까요? 앞으로 우리가 먹고살아야 할 시장은 대부분 창조적인 것을 요구하는 시장입니다. 기업들이 더 창의적인 집단이 되어야 하는 이유입니다. 물론 이런 세계에 적응하려면 개인도 마찬가지겠지요.

창조적인 자녀로 성장하기를 원한다면,
창조적인 직원이 되기를 원한다면,
그들에게 자유를 허락하십시오.

## 직원들이 주인의식이 없다고?

가끔 기업에서 '주인의식'을 주제로 강의해 달라는 요청을 받습니다. 물론 직업이 강사다 보니 나름 잘 준비해서 강의를 합니다. 강의에 대한 반응이 좋았다고 하는데, 직원들이 제 강의를 듣고 정말 주인의식을 갖게 되었는지는 알 수 없습니다. 정확하게는 달라진 것이 없을 가능성이 높습니다. 현업으로 돌아갔을 때 업무를 주인처럼 할 수 있을지 의문이기 때문입니다. 한 회사에서 주인의식을 강의하다 "주인의식이 뭘까요?"라고 질문했더니 "주인을 의식하고 행동하는 것"이라는 대답이 나와 한바탕 웃었던 적이 있습니다. 그 대답에 우리 기업들의 현주소가 정확하게 반영되어 있는 것은 아닐까요?

한 기업에서 전문경영자를 모셔왔는데, 연말 결산을 해보니 성과가 좋아 CEO가 직원들에게 성과급을 지급하라고 지시했습니다. 그런데 오너가 그 경영자를 불러 '누구 맘대로 성과급을 주느냐. 네 돈이냐고 질책했다고 합니다. 이를 지켜본 직원들의 마음은 어땠을까요? '주인의식은 개뿔'이라고 하지 않았을까요?

주인의식을 갖게 하려면 직원이 업무의 주인이라고 생각할 수 있는 여건을 만들어주어야 합니다. 업무 수행 중에 상사가 매사 지시하고 간섭하고 결정하려 하면서 직원에게 주인의식을 기대한다면, 그것은 연목구어(緣木求魚), 즉 나무에 올라가 고기를 구하는 것과 같은 일이겠지요.

그런데 신기하게도 경영자나 관리자들 중에는 '통제 중독'에 걸린 사람들이 많습니다. 어쩌면 그들은 그것밖에 할 수 있는 일이 없는지 모릅니다. 수시로 직원들을 모아놓고 회의하고 점검하고 간섭하는 것을, 그것도 매우 열심히 하면서 스스로는 참 잘하고 있다고 착각하고 있는지 모릅니다. 물론 직원들은 쓸데없는 일에 엄청난 시간을 낭비하면서 노예처럼 일하고 있겠지만 말입니다.

넷플릭스는 직원들에게 무한대에 가까운 자유를 주는 회사로 유명합니다. 이 회사의 창업자이자 CEO인 리드 헤이스팅스Reed Hastings는 그의 저서 『규칙 없음』에서 직원들에게 자유를 줘야 하는 이유를 다음과 같이 설명했습니다.

"직원들에게 자유를 주면, 회사 일을 자기 일처럼 여기게 되어 더욱더 책임 있게 행동한다. 우리에겐 자유와 책임 이 두 가지가 필요하지만 사실 하나를 가지면 나머지 하나는 저절로 따라오게 되어 있다. 자유는 책임의 대립 개념이 아니다. 오히려 자유는 책임을 향해 가는 통로다. 책임질 자유를 주라."

## 자유가 창조를 낳는다

세계적인 혁신 기업들은 일과 중 일정 시간 동안 본인이 하고 싶은 일을 마음껏 할 수 있는 제도를 운영하고 있습니다. 3M의 15% 룰, 구글의 20% 룰, 고어의 10% 룰 등이 바로 그런 예입니다.

왜 이들 회사는 이런 제도를 도입했을까요? 구글의 에릭 슈미트 전 회장은 "직원들이 잠시라도 딴짓하는 것을 참지 못하는 상사를 막아주기 위해서"라고 했습니다. 이런 시간이 없으면 관리자들이 사사건건 지시하고 간섭하느라 직원들의 자율성과 창의성을 막을 것이 뻔하니 이를 방지하려는 경영자의 의지가 보입니다. 런던대학교 경영대학원 게리 하멜Gary Hamel 교수에 따르면 구글 신제품의 절반은 20% 시간에 나왔다고 합니다. 3M의 포스트잇, 구글의 크롬북과 G메일, 고어의 엘릭시르 기타 줄과 같은 제품들이 그 예입니다. 세계적인 리더십 전문가 수전 파울러Susan Fowler에 따르면 인간은 태어날 때부터 동기부여가 돼 있다고 합니다. 아기는 엄마 아빠라는 단어를 입에 올리기까지 수없이 그 단어를 반복합니다. 단어 하나를 배우는 데에도 엄청나게 동기부여가 돼 있을 정도로 배움과 성장에 대한 욕구를 갖고 있는 것이 인간의 본성이라는 것입니다. 그런데 업무에 대한 열정을 잃고 멍때리는 직원들이 생기는 이유는 무엇일까요?

미국 토마토 가공회사 모닝스타 컴퍼니 자기경영연구소의 폴 그린 주니어Paul Green Jr.는 "사람들은 높은 수준으로 동기 부여된 상태로 회사에 들어온다. 하지만 관료주의가 그런 마음을 죽인다. 그렇게 죽인 동기를 살리기 위해 모든 조직들이 머리를 싸매고 고민한다는 점은 난센스다"
라고 했습니다. 관료주의의 요체는 지시와 명령, 통제입니다. 상사의 통
제를 받으면서 직원들은 업무 의욕을 잃어갑니다. 그의 주장에 전적으로
동의하기는 어렵습니다. 상사뿐 아니라 개인의 태도 또한 중요한데 모든
책임을 상사들과 관료주의로 돌리는 것도 바람직하지 않아 보입니다. 하
지만 조직 내의 관료주의가 동기를 빼앗고 있다는 것은 부인할 수 없는
현실입니다.

# 결정할
# 자유를 허하라

## '할까요?'에서 '하겠습니다'로

"함장님, 120m 밑으로 잠수하려고 합니다."

"해저 깊이는 얼마인가?"

"약 240m입니다."

"수중 탐지기에는 뭐가 나왔나?"

"아무것도 잡힌 것이 없습니다. 물고기뿐입니다."

"20분 있다가 자네 뜻대로 하게."

이 대화는 『성공하는 사람들의 7가지 습관』의 저자인 스티븐 코비가 미국의 잠수함 산타페 호를 방문했을 때 데이비드 마르케트David Marquet 함장과 장교와 수병들이 주고받았던 대화의 일부입니다. 이날 결정의 95%는 함장이 관여하거나 확인하지 않고 이루어졌다고 하는데, 상명하복의 군대에서 기적과 같은 일입니다.

　마르케트는 미 해군사관학교를 우수한 성적으로 졸업하고 승승장구하여 미국 전투용 고속 핵잠수함 산타페 호의 함장으로 임명되었습니다. 하지만 당시 산타페 호는 미 해군 내 이직률 최고, 전투력 최저의 사상 최악의 잠수함으로 평가받을 정도로 불명예의 상징이었기에 그의 마음은 심란했습니다.

　함장으로 취임하기 2주 전 기관실 앞에서 보초를 서던 하사에게 "여기서 하는 일이 뭔가?"라고 물었을 때 망설임 없이 "위에서 시키는 것은 뭐든지 다 합니다"라고 대답하는 것을 보고 수동적인 태도에 큰 충격을 받았습니다.

　마르케트는 당시를 회고하면서 "윗사람들이 모두 틀렸다고 내 면전에 대고 쏘아붙이는 것과 다름없었다"며 "자신에겐 아무런 책임이 없다는 말로 들렸다"고 했습니다. 그가 관찰한 바에 의하면 산타페 호에서 함장과 소대장을 제외하고 병사들은 시키는 대로만 할 뿐 문제를 적극적으로 해결하려고 하는 사람은 135명 중 5명뿐이었습니다. 그는 산타페 호가 최악의 잠수함으로 평가받는 이유가 잠수함 내 의사 결정 구조에 있음을 직시했습니다.

　그는 임무를 완수하려면 자기 자신보다 말단 사병들을 더 신뢰하는 법을 배워야 하고, 대원들은 '실행'만 하는 것이 아니라 '생각하며 일하는 사람'으로 만들어야겠다고 생각했습니다.

마르케트가 함장 취임 후 가장 먼저 시작한 일은 실무자에게 권한을 완전히 위임하는 것이었습니다. 그 일환으로 잠수함에서 '허락'이라는 단어를 없애고 '하겠다'는 말을 사용하도록 했습니다. '꼭대기에 있는 사람들은 권한은 가지고 있지만 정보가 부족하고, 말단에 있는 사람들은 정보는 모두 갖고 있지만 권한이 없기 때문에 정보가 없는 사람들이 자신의 권한을 넘기지 않는 한 조직을 더 빠르고 훌륭하게 운영하여 잠재력을 최대한으로 실현할 방법은 없다'고 생각했기 때문이었습니다.

막상 이를 실행했을 때 기대에 못 미치는 승조원들 때문에 과거의 방식으로 돌아가야 하나 끊임없이 고민하게 만드는 일들이 있었지만 그럴 때마다 승조원들에 대한 '인내심 있는 신뢰'를 보내자고 다짐하며 포기하지 않고 실천했습니다.

결국 산타페 호는 함장과 대원들이 리더—팔로워Leader-Follower의 관계에서 리더—리더Leader-Leader 관계로 바뀌어가며 놀라운 변신을 거듭, 매년 가장 크게 성장한 함대에 수여하는 '알리 버크 함대 트로피'를 받는 등 가장 명예로운 잠수함으로 탈바꿈했습니다.

마르케트는 권한을 위임하자 승조원들이 자신보다 한 계급 위의 지휘관처럼 생각하고 행동하기 시작했고, 이는 연쇄반응이 되어 당직사관이 함장처럼 생각하기 시작했다고 했습니다. 권한위임은 부하 직원의 보이지 않는 잠재력까지 믿는 것입니다. 진정으로 권한을 위임받는 직원들은 자신이 존중받고 있다고 느껴 더 만족하고 몰입하여 일할 수 있게 됩니다. 진정으로 권한을 위임받은 직원은 산타페 호의 승조원들처럼 상사의 지시를 성실하게 수행하는 것을 넘어 한 차원 높은 생각과 실행으로 더 크게 기여할 것입니다.

권한을 위임한 리더는 어떨까요? 권한을 위임한 후에 보다 더 중요한 일에 집중할 수 있지 않을까요?

## 권한은 네가, 책임은 내가

전후 일본 정치를 논할 때 빼놓을 수 없는 인물로 다나카 가쿠에이(田中角榮) 총리가 있습니다. 그는 초등학교 졸업에 공사장 인부 출신으로 총리에 오른 입지전적인 정치인으로, 지역 균형 발전과 중국과의 국교 정상화 등을 성공시켰다는 평가를 받고 있습니다. 44세에 대장성 대신(현 재무성 장관)으로 발탁되었는데, 대장성은 한국의 기획재정부처럼 경제 정책을 총괄하는, 일본 최고의 엘리트들이 모인 부처입니다. 이런 인물이 대신으로 등장한 것은 전무후무한 파격이었기에 대장성 직원들은 불만의 목소리가 많았다고 합니다. 하지만 직원들 사이에서 그의 취임사를 듣고 놀랐을 뿐 아니라 그의 리더십 아래서 열심히 일했다고 합니다.

"여러분이 아시는 바와 같이 저는 초등학교를 졸업했습니다. 여러분은 전국에서 모인 수재들로 금융과 재정의 전문가입니다. 이제부터 대신 집무실 문은 언제든지 열려 있을 겁니다. 자신 있는 사람은 누구나 제 방으로 오십시오. 그리고 무엇이든 얘기해 주십시오. 할 수 있는 것은 하고, 할 수 없는 것은 안 합니다. 그러나 모든 책임은 제가 집니다. 이상!"

지금도 일본에서는 그의 일생을 다룬 소설 『천재(天才)』가 100만 부 이상 팔리고 그의 어록을 담은 책이 인기가 높다는 것으로 보아 범상치 않은 정치인이었음이 분명합니다. 취임사에서 보여 준 직원들에 대한 신뢰와 책임지는 리더의 모습에서 그가 어떻게 대장성 직원들의 마음을 샀는지 알 수 있을 것 같습니다.


세상에는 두 가지 유형의 리더가 있습니다.

'권한은 내가, 책임은 네가', 참 비겁한 사람입니다.

'권한은 네가, 책임은 내가', 함께 일하고 싶은 리더입니다.

당신은 어떤 유형의 사람입니까?

# 취향을
# 존중해야 하는 까닭

## 취향에는 순위가 없다

애완견을 키운 적이 있습니다. 개를 데리고 산책 나가면 예뻐해 주는 사람이 있는가 하면 "나는 개가 제일 싫어" 하며 지나가는 사람이 있습니다. 펫티켓을 지키지 않는 사람들을 보았거나 개 때문에 기분 나쁜 경험이 있어서 그런가 보다 하지만, 굳이 그런 말을 할 필요는 없어 보입니다. 취향은 전적으로 개인의 호불호에 관한 것입니다. 절대적 순위가 있는 것도 아니고 좋다, 나쁘다 할 수도 없는 일입니다.

한때 '취존'이라는 말이 유행한 적이 있습니다. '취향입니다. 존중해 주세요'의 약자라고 합니다. 최근에는 '싫존주의'라는 말까지 등장했습니다. '싫어하는 것도 존중하라'는 의미라고 합니다. '술을 싫어하는 모임', '오이를 싫어하는 모임', '다이어트를 싫어하는 모임' 등이 있습니다. 오이를 싫어하는 사람들의 모임 페이스북에 들어가 보니 팔로워가 10만 명 이상이었습니다. 비둘기, 가지, 양파, 버섯 등을 싫어하는 모임도 있다고 합니다. 이런 모임이 많다는 것은 그만큼 그동안 가정이나 사회에서 취향 선택의 자유가 침해당했다는 증거일 것입니다. 오이를 싫어하는 사람에게 오이가 좋다고 먹으라고 강요하거나 이해할 수 없다고 말한다면 어떤 일이 벌어지겠습니까? 우리 아들도 양파를 먹지 않아서 먹으라고 강요한 적이 많았는데, 참 부질없는 일을 했다는 생각이 들어 반성했습니다.

먹고 마시는 것, 취미, 정치적 지향, 결혼관 등 개인의 취향은 그 자체로 존중받아야 합니다. 그런데 우리는 너무나 자연스럽게 '넌 왜 그래?', '~ 좀 먹어라', ' ~ 좀 해라' 하는 식으로 생각과 취향을 강요합니다. 불법적이거나 공공에 해를 끼치지 않는 것이라면 개인의 취향은 존중받아야 마땅합니다. 러시아의 극작가 안톤 체호프는 『갈매기』에서 "취향에 대해서는 좋게 말을 하거나 아니면 아무 말도 마세요."라고 했다지요, 타인의 취향에 대해서는 이 말을 명심하면 실수하지 않을 것 같습니다.

취향에는 1등, 2등 같은 순위도 없습니다. 그 사람이 선택하는 것이 그 사람에게는 1등인 것입니다. 취향 선택의 자유를 허락해야겠습니다.

## 누구든 취향을 강요할 자유는 없다

부서 회식이다. 진작에 참치 횟집으로 예약해 놓고 몇 번이나 공지했는데 퇴근 시간에 부장이 갑자기 "야, 거기 말고 고기 먹으러 가자!" 한다. "부장님, 그게 이미…" 당황한 박 대리, 그러나 부장은 인상을 쓴다. 예약을 취소할 틈도 없이 주변 고깃집에 자리가 있는지 알아보려고 이 사람 저 사람이 분주하게 전화를 돌린다. 겨우 식당을 잡고 답답한 마음으로 취소 전화를 하려는데 왜 안 오냐는 전화가 먼저 걸려온다. 얼굴 벌게진 박 대리, 오히려 부장한테 "똑바로 좀 해라." 질책까지 들었다.

25년 넘게 직장생활을 했던 소설가 박헌정 선생이 경험한 일을 중앙일보에 기고한 내용 중 일부입니다. 그때만 해도 우리 사회는 '술 권하는 사회'였습니다. 술을 마시지 못하는 사람들을 이상하게 취급하기도 하고, 아예 '무능하다', '일을 잘 못할 것이다'라고 낙인을 찍기까지 했던 시절입니다. 심지어 상사가 권하는 술잔을 거절했다는 이유로 괘씸죄에 걸려 승진이나 부서 발령에 불이익을 받는 경우도 있었습니다. 일을 잘하는 것보다 술을 잘 마시고, 상사의 분위기를 잘 맞춰주는 사람들이 우대받는 일도 비일비재했습니다. 술 권하는 사회를 넘어 '술을 강권하는 사회'였습니다. 술을 마시지 못하는 직장인들에게는 참 괴로운 시절이었습니다. 개인의 기호나 취향은 '단합'과 '다 함께'라는 미명하에 철저히 무시당했던 시절이었습니다.

요즘 기업들마다 회식 참석이나 술 마시기를 강요하지 말 것을 권장하고 있고, 실제로 많이 개선되었다고 하지만 여전히 직장인의 70% 이상은 회식 스트레스를 호소하고 있다고 합니다.

한때 거리 두기를 완화하겠다는 정부 방침이 알려지자 많은 MZ세대들이 코로나 덕분에 회식이 없어져 모처럼 '저녁이 있는 삶'을 살았는데 회식이 부활할까 봐 염려했다고 합니다. 코로나 이전에도 회식 자리에 가기 싫으면 가기 싫다고 말하는 편이지만 그렇게 말하기가 여전히 불편했다면서 다시 과거로 돌아가고 싶지 않다는 직장인도 있었습니다. 자신의 취향을 강요하는 일을 반복한다면 그것이 바로 직장 내 괴롭힘 아닐까요?

판사 출신의 문유석 소설가는 판사 시절 중앙일보에 '전국의 부장님들께 감히 드리는 글'이라는 칼럼에서 "저녁 회식 하지 마라. 젊은 직원들도 밥 먹고 술 먹을 돈 있다. 친구도 있다. 없는 건 당신이 뺏고 있는 시간뿐이다. 할 얘기 있으면 업무 시간에 해라. 괜히 술잔 주며 '우리가 남이가' 하지 마라. 남이다. 존중해라. 밥 먹으면서 소화 안 되게 '뭐 하고 싶은 말 있으면 자유롭게들 해 봐' 하지 마라. 자유로운 관계 아닌 거 서로 알잖나"라고 상사들의 비뚤어진 권위주의를 지적했습니다. 취향 때문에 상대방이 불편함을 느낀다면 거기에서 멈추어야 합니다. 우리는 누구에게도 나의 취향을 타인에게 강요할 권리가 없습니다.

# 회사의 시간은 회사에,
# 개인의 시간은 개인에게

## 개인의 시간, 연결되지 않을 권리

퇴근 후에 시도 때도 없이 카톡으로 연락하는 상사 때문에 '카톡 지옥'을 사는 직장인들이 많다고 합니다. 20대 국회 때 일명 '카톡금지법'이라 하여 근무시간 이후에는 카톡을 금지하는 법안이 발의되기도 했지만 여전히 이 문제는 현재진행형인가 봅니다. 저는 개인적으로 모든 것을 법으로 금지하는 것을 좋아하지 않습니다. 일을 하다 보면 불가피하게 연락을 할 수도 있겠지요. 퇴근 후 혹은 주말에는 어떤 경우에도 연락을 받지 않겠다고 하면서 상사의 연락을 받지 않는 것 또한 박수받을 행동은 아닐 것입니다. 하지만 근무시간 후에 연락하는 일이 반복된다는 것은 그 직원이 퇴근 후 누릴 수 있는 자유를 침해하는 일입니다. 관리자들이 퇴근 후에 연락하는 이유를 조사해 보니 가장 많은 이유가 '생각날 때 지시하는 것이 마음이 편해서'라고 합니다. 직원의 입장에서는 마치 아무 생각 없이 던진 돌에 맞는 개구리의 고통과 같을 것입니다.

영국 데이비드 루이스David Lewis 박사의 연구에 의하면 '여러 상황에서의 스트레스 강도를 측정한 결과 휴일에 직장 상사로부터 메시지를 받는 것이 번지점프를 하거나 배우자와 싸우는 것 이상의 스트레스를 준다'고 합니다. 프랑스 국립보건안전산업연구원INFR도 '이메일, 메신저 등을 지나치게 많이 사용하는 기업에서 그렇지 않은 경우보다 결근, 병가, 사직, 해고 등이 많다'는 연구 결과를 발표하기도 했습니다. 이런 연유로 프랑스와 이탈리아는 업무시간 외에는 메일에 응답하지 않아도 되는 '연결되지 않을 권리right to disconnect'를 법제화했습니다. 일명 '로그오프법'으로 불리는 이 법은 일과 휴식의 경계를 무너뜨리고 노동자를 24시간 일하게 만드는 관행을 방지하는 것을 골자로 하고 있습니다.

최근 우리나라에서도 여러 기업들이 퇴근 후 카톡 금지를 천명하고 있는 것으로 보아 나머지 기업도 예외가 될 수 없을 것입니다. 근무시간 후에 연락을 삼가는 것은 법제화 혹은 처벌이 두려워서가 아니라 당연히 그래야 하는 일입니다. 연락을 기다리는 직원은 한 사람도 없습니다. '회사의 시간은 회사에게, 개인의 시간은 개인에게' 돌려주어야 합니다.

## 나에게 금(金)인 시간은 타인에게도 금(金)이다

LG생활건강의 한 자회사 노조 간부를 대상으로 강의한 적이 있습니다. 그런데 최고경영자 차석용 부회장을 존경한다고 말하는 직원이 있었습니다. 직원들에게서 CEO를 존경한다는 말을 듣는 것은 아주 드문 일이어서 이유를 물었습니다. 돌아온 대답은 "차석용 부회장님이 부임하시면서 보고서를 받지 않겠다고 선언했다"는 것이었습니다. 보고서 쓰는 일을 중요한 일이라 생각하고 직장생활을 해왔을 임원과 직원들의 입장에서는 업무 보고를 어떻게 해야 할지 혼란스러웠을 것입니다. 차 부회장은 "나에게 보고할 사항이 있으면 메모지에 적어 와서 설명해도 좋다"고 했다고 합니다. 저는 그 말을 듣고 CEO의 의도가 무엇이었을지 상상해보았습니다. 직원들이 보고서 작성에 너무 많은 시간을 낭비한다는 생각이 들어 본질적인 일에 집중할 수 있는 자유를 주고 싶었던 것 아니었을까요? 보고를 줄이면 경영자에게도 자유가 생겨 더 큰 생각을 할 수 있을 것입니다.

시간을 낭비하지 말고 소중하게 쓰라는 뜻으로 '시간은 금이다'라는 말을 참 오랫동안 들어왔습니다. 본인의 시간을 아끼는 것도 중요하지만 타인의 시간을 소중하게 여기는 것도 중요합니다. 나에게 시간이 돈이라면 상대방에게도 시간은 금이고 돈이기 때문입니다. (사실 시간은 돈으로도 살 수 없는 귀한 자산입니다) 그런데 타인의 시간을 함부로 대하는 사람들이 있습니다. 대표적인 것이 약속 시간을 지키지 않는 것과 타인의 시간에 대한 고려 없이 일방적으로 일정을 잡는 것입니다. 또 하나는 공적인 영

역에서 그다지 유익하지 못한 회의를 길게 혹은 예정된 시간을 초과하여 하는 것입니다. 그것도 반복적으로 말입니다. 오죽하면 '회의가 많은 회사는 망한다'는 말이 있을까요. 노스캐롤라이나 샬럿대학 석좌교수 스티븐 로겔버그Steven G. Rogelberg가 하버드 비즈니스 리뷰에 기고한 글에 의하면 경영진이 매주 회의에 쓰는 23시간 중 평균 8시간이 비생산적이라 합니다. 참석자의 90%가 회의 중 딴 생각에 빠지고, 73%가 다른 업무를 한다고 합니다. 상당수의 회의는 하지 않는 것이 직원들을 존중하는 일이고 회사에도 도움이 되는 것인지 모릅니다. 그럼에도 불구하고 리더들의 79%가 자신이 주관한 회의가 '최고로' 또는 '매우 생산적'이라고 평가하고 다른 사람이 주관한 회의에 대해서는 56%만이 같은 대답을 한다고 합니다. 모두 '나는 문제 없어', '당신이 문제야'입니다. '성과를 내라', '혁신하라'고 주문하면서 정작 불필요한 회의로 참석자들의 직접비용은 물론이고 영감을 얻고 수익을 창출할 수 있는 더 중요한 업무를 하지 못하게 함으로써 기회비용까지 날리고 있는 사람은 누구입니까? 대부분의 경우 회의 주최자인 당사자만 그것을 모르고, 본인은 일을 열심히 하고 있다고 착각하는 것입니다. 문제는 회의 참석으로 인한 낭비만이 아닙니다. 유익하지 못한 회의에 참석한 사람들은 투덜대고 불평하느라 정상으로 돌아오는 데 시간을 이중으로 낭비하게 되는 증상인 MRS, 즉 회의회복증후군Meeting Recovery Syndrome을 보인다고 합니다.

누군가의 시간을 빼앗는 것은 자유롭게 일할 수 있는 자유를 침해하는 행동입니다. 그러니 모이라고, 나오라고 하기 전에 그만한 가치가 있는 것인지 먼저 생각해 보아야 할 것입니다. 나에게 시간이 금이라면 타인에게도 시간은 금입니다.

# 타인의 공간을
# 소중하게 대하라

## '실례합니다' 한마디면 될 일인데

저는 기차나 버스를 탈 때 옆 자리에 사람이 있으면 "실례합니다" 하고 인사를 하고 앉습니다. 지방에서 강의를 마치고 KTX를 탔을 때였습니다. 통로측에 앉아서 책을 읽고 있는데 한 승객이 아무런 신호도 없이 불쑥 제 다리를 툭 건드리고 창측 좌석으로 들어가 앉았습니다. 정도가 좀 심하여 약간 화가 났지만 참았습니다. 잠시 후 천안아산역에서 먼저 내릴 때도 한마디 없이 나갔습니다. '실례합니다' 한마디만 했더라면 불쾌한 일은 없었을 텐데 그게 왜 그렇게 어려웠는지 모르겠습니다. 누군가의 사무실에 들어갈 때, 누군가의 작품을 만지게 될 때, 누군가의 책상에 있는 물건을 찾을 때 '실례합니다' 한마디만 해도 불필요한 갈등은 생기지 않을 것입니다.

교회나 공연장에서 장의자(長椅子)에 앉는 것을 보면 존중의 성품이 보입니다. 먼저 온 사람이 가운데로 들어가서 앉으면 나중에 오는 사람들이 차곡차곡 앉을 수 있을 텐데, 꼭 맨 끝에 앉는 사람이 있습니다. 더 나쁜 것은 반대편에도 똑같은 부류의 사람이 앉아 있을 때입니다. 최악인 것은 그 두 사람이 눈을 감고 있을 때입니다. 두 사람 때문에 가운데는 텅텅 비게 될 테니 말입니다. 이때 진행자나 직원이 안으로 들어가라고 요구하기도 하는데, 안쪽으로 들어가지 않겠다고 버텨서 주위 사람들의 눈살을 찌푸리게 하는 경우도 있습니다.

## 화장실, 존중의 수준이 드러나는 대표적 공간

화장실은 존중의 수준을 확인할 수 있는 대표적인 공간이자 사람의 됨됨이를 알아볼 수 있는 곳이기도 합니다. 화장실 이용 후 물 내리기, 손을 닦은 핸드타올로 세면대에 떨어진 물 닦아주기 등은 누구나 할 수 있는 일입니다. 또 한 가지 남성들에게 부탁하고 싶은 말이 있습니다. 소변기가 여러 개인데 굳이 빈자리 놔두고 소변을 보는 사람 바로 옆에서 용변을 보는 사람이 있습니다. 남성들은 옆에 누가 가까이 다가오면 경쟁 본능 때문에 경계하는 마음이 생겨 소변이 잘 나오지 않을 때가 있습니다. 소변기에 여유가 있다면 굳이 바로 옆자리에 설 필요가 있을까요? 가능한 한 멀리 서되 최소한 한 칸 이상 거리를 두고 서는 것은 훌륭한 배려입니다. 용변 중인 사람 바짝 뒤에 줄을 서는 것도 삼가면 좋겠습니다.

전국의 화장실에서 자주 보게 되는 대표적인 문구 중 하나는 '아름다운 사람은 머문 자리도 아름답습니다'입니다. 이 글은 화장실문화시민연대 설립의 주인공 표혜령 대표의 책 제목이기도 합니다. 머문 자리가 어찌 화장실뿐일까요? 숙박 시설을 이용하고 원래대로 잘 정리해 놓는 것, 화장실 이용 후 물을 내리는 것, 헬스장에서 사용한 기구 원래 자리에 놓기 등 우리가 머물다 간 곳을 깨끗하게 정리하는 것은 타인과의 관계를 소중하게 생각하고 배려하는 존중의 행동입니다. 도서관이나 카페, 식당에서 자리를 잡는 것을 보아도 존중의 태도를 알 수 있습니다. 책상이나 의자에 물건을 올려 놓아 4~6명이 앉을 테이블을 한두 명이 독차지하는 사람이 있습니다.

## 지하철은 존중의 시험 장소

"정말 미운 사람이 있으면 아침 출근 시간에 지하철을 태워라." 어느 소설 속의 문구입니다. 출퇴근 시간에 얼마나 고통이 컸으면 이런 표현까지 등장했을까요?

인사이트www.insight.co.kr의 정시원 기자가 지하철 비매너 8가지를 지적했는데, 지하철 이용자라면 한 번쯤 목격했을 광경입니다.

1. 사람들이 먼저 다 내리고 타는 게 기본 예의범절이다(문 열리자마자 질주하기).

2. 지하철은 좌석제가 아니다(물건 올려놓고 좌석 찜하기).

3. 줄선 사람은 호구가 아니다(새치기).

4. 당신의 야동을 함께 보고 싶지 않다(성적인 동영상 보기).

5. 모세의 기적을 일으키려고 하지 마라(한마디 말 없이 밀어내기).

6. 백팩은 무기가 아니다(백팩 메고 승객 속에 서 있기).

7. 지하철에서 풍기는 음식 냄새는 솔직히 역겹다(음식 먹기).

8. 나는 당신의 샌드백이 아니다(욕하고 시비 걸기).


지하철, 특히 출퇴근 시간에는 어쩔 수 없이 모르는 사람들과 근접할 수밖에 없어 자칫 불쾌한 상황을 야기할 가능성이 높습니다. 그런 면에서 지하철은 존중의 수준을 테스트할 수 있는 최고의 장소일지 모릅니다. 모든 사람은 현재 있는 공간을 자유롭게 사용할 권리가 있습니다. 비록 환경이 열악하더라도 그 자유를 지켜주려고 노력하는 태도가 바로 존중 아닐까요?

# 명령하지 말고
# 권유하라

## 기분이 저절로 나빠지는 식당, 좋아지는 식당

식당이나 공공장소에 들어갈 때 공연히 기분이 나빠지는 곳이 있고, 저절로 기분이 좋아지는 곳이 있습니다. 부착물의 수준과 종업원들의 응대 태도에서 그런 기분을 느끼게 합니다. 그런 예를 몇 가지 예를 들어보겠습니다.

  "신발 분실 시 절대 책임지지 않습니다"
  "우산 가지고 가세요"
  "셀프서비스인데요"

"음식물 반입 금지"

"함께한 미성년에게 술 주지 마세요"

"에어컨 절대 건드리지 마세요"

"어린이 동반 손님께서는 소란 피우지 않도록 엄격하게 관리해 주세요"

"추가 안 됩니다"

"이곳에 주차하지 마세요"

"물 좀 내려주세요"

"쓰레기를 함부로 버리지 마세요"

"(소변기) 앞으로 다가오시오"


이런 곳에서는 뭔가 존중받지 못한다는 느낌을 받습니다. 물론 다시 오고 싶지 않지요. 그런데 같은 뜻이라도 이렇게 표현한 곳들이 있습니다. 손님에 대한 배려와 존중을 위해 노력한 흔적들입니다. 물론 저절로 기분도 좋아집니다.


"소중한 신발을 더욱 소중하게"

"우산 두고 가시면 소중하게 쓰겠습니다"

"죄송합니다. OO는 셀프서비스입니다. 불편하시면 갖다 드립니다."

"외부 음식은 외부에서, 이곳 음식은 이곳에서"

"술은 어른이 되면 마음껏 드실 수 있어요"

"에어컨 온도 조절 필요하시면 푸처핸섭put your hands up"

"추가 주문하시면 더 드실 수 있습니다"

"식당 앞에 주차하시면 식사 중 차 빼는 일 있을지도 모릅니다"

"소변기도 세수가 필요합니다"

"쓰레기를 직접 가져가시는 분들에게 축복!"

"(소변기) 남자가 흘리지 말아야 할 것은 눈물만이 아니죠"


여러분이라면 어느 식당에 가시겠습니까?

오스트리아 출생의 영국 철학자 비트겐슈타인Ludwig Josef Johann Wittgenstein은 '언어의 한계가 그 사람의 세계의 한계'라는 유명한 말을 남겼는데, '부착물과 언어의 한계가 그 사람(조직)의 수준이고 한계' 아닐까요?

## 친절하고 성실했던 직원이 화를 낸 이유

한 공공기관에 사회복무요원으로 근무하는 C씨가 어느 날 담당직원과 큰 소리로 다투어 사무실이 시끄러워졌습니다. 평소 온화했던 C씨였기에 직원들 모두가 놀랐습니다. 자초지종을 알아보니 담당자는 C씨를 군대의 말단 병사쯤으로 생각하고 이것저것 심부름을 많이 시켰는데, 부탁이 아니라 명령조였습니다. 불만이 누적되었다가 폭발한 것이었습니다.

어쩌면 우리의 가정과 직장에서 매우 익숙한 모습일지 모릅니다. 우리의 언어 습관 중에는 명령형이 많습니다. 가정에서 어릴 때부터 명령형의 말을 많이 듣고 살아왔기에 자연스럽게 사용하는 것 같습니다. 명령형 대신 권유형 표현을 사용하면 같은 말이라도 느낌이 크게 다릅니다.

| 명령형 | 권유형 |
|---|---|
| 가정에서 | |
| 책 가져와 | 책 좀 가져다 줄래? |
| 방 청소해 | 방 좀 청소해 줄 수 있니? |
| 나 좀 도와줘 | 나 좀 도와줄 수 있니? |
| | |
| 직장에서 | |
| 내일 아침까지 작성하세요 | 내일 아침까지 작성해 줄 수 있나요? |
| 이렇게 하라니까 | 이렇게 할 수 있을까? |
| 기다리세요 | 기다려 주시겠습니까? |
| 체크해 주세요 | 체크해 주시겠습니까? |

어떻습니까? 같은 이야기라도 권유형 표현을 사용했을 때 훨씬 더 존중받는다는 느낌을 받지 않을까요? 명령형의 말들은 선택권을 박탈당하는 느낌이어서 거부감을 일으킬 가능성이 높습니다. 알게 모르게 습관화된 명령형의 표현을 권유형으로 바꿔 사용한다면 상대방은 강요받지 않고 스스로 선택할 수 있는 자유를 행사했다고 생각하기에 수용도가 훨씬 높아질 것입니다. 권유형 표현에 "실례합니다", "죄송합니다", "감사합니다", "수고스럽지만", "바쁘시겠지만"과 같은 쿠션언어 한 마디를 더 한다면 훨씬 더 나은 관계와 근무 분위기를 만들 수 있을 것입니다.

어린아이라도, 갓 들어온 신입이라도 명령하지 말고 권유형을 사용하면 훨씬 신사답다는, 존중한다는 인상을 줄 것입니다. 가게와 식당, 공공장소에서 권유형 표현만 잘 쓰더라도 상당수의 갈등은 발생하지 않을 것입니다. 이제부터라도 명령 대신 권유형 표현을 사용하면 어떨까요?

# 6

# 내 생각은 정답이 아닐 수 있다

존중과 화

# 화,
# 존중 문화의 최대의 적

## 화는 모든 것을 잃게 한다

한 팀장이 자신은 평소에 직원들을 존중하고 나름 잘해 주었는데 어느 날 크게 화를 낸 이후로 서먹한 관계가 되었다면서 직원들의 마음을 사로잡기 위한 모든 노력이 화풀이 한 방으로 날아갔다고 했습니다.

모 회사의 회장이 직원들에게 화를 내고 실언한 것이 방송을 탄 일로 모든 직책에서 물러난 기업에 출강한 적이 있습니다. 직원들에 의하면 직원들에게 잘해 주려고 노력한 괜찮은 분이었다고 합니다. 하지만 그만 화를 참지 못하고 분노를 터뜨린 일로 평생 쌓아온 명성과 평판을 잃게 된 것입니다.

맞습니다. 존중 문화 구축은 하루아침에 이루어지는 것이 아닙니다. 그런데 잘하다가도 어느 날 한 번이라도 분노가 폭발하면 모든 것이 허사가 되고 맙니다. 그러한 면에서 존중 문화 최대의 적은 '화(火)'라고 할 수 있습니다.

요즘 성인의 50% 이상이 분노 조절을 하지 못하여 가정과 직장, 사회에서 문제가 된다고 합니다. 그 빈도와 강도가 점점 더 늘어나는 것 같아 안타깝습니다. 살다 보면 피치 못하게 화를 내야 하는 상황이 있을 것입니다. 참기만 하다 보면 신체적 정신적으로 질병이 되기도 하니 건강하게 화를 낼 줄도 알아야 할 것입니다. 하지만 화를 내서 잃는 것은 부지기수인 반면 얻을 것은 별로 없습니다. 화를 내면 잃게 되는 것들은 어떤 것들이 있을까요?

**첫째, 사람들은 화를 낸 이유보다 화를 낸 사실만 기억합니다.**

화를 낸 사람은 모두 이유가 있습니다. 하지만 사람들은 그 이유를 이해하려고 노력하기보다 화를 낸 사실만 기억하고 '이 사람은 화를 잘 내'라고 생각한다는 것입니다.

**둘째, 화를 내면 메시지의 의도가 아니라 감정이 전달됩니다.**

감정은 이성보다 강합니다. 화를 내면 메시지의 의도가 전달되는 것이 아니라 감정이 전달됩니다. 업무 마감을 잘 지키지 않는 직원에게 제발 마감 좀 잘 지키라고 화를 낸다면 직원은 그 메시지의 의도가 아니라 팀장이 자신을 무시했다고 받아들이게 됩니다.

### 셋째, 화를 내면 소통이 되지 않습니다.

화를 내는 사람에게 그렇지 않은 이유를 들어 설명해도 듣지 않습니다. 그러니 형식적으로 듣거나, 침묵하거나 변명만 하면서 그 순간을 피하고 싶어 합니다. 그러다 보면 문제의 원인을 파악하지 못하고 누적이 되어 언젠가는 수습 불가능한 대형 사고가 터지게 됩니다.

### 넷째, 게으른 자들의 천국을 만듭니다.

화를 잘 내는 리더와 함께 일하는 사람들의 최고 대응 전략은 실수하지 않는 것입니다. 무슨 일을 하다 잘못되면 당할 일을 생각하니 새로운 일을 벌이려 하지 않고 힘든 일은 피하려 합니다. 이른바 복지부동(伏地不動) 혹은 엎드려 눈동자만 돌린다는 복지안동(伏地眼動) 조직이 되는 이유입니다. 게으르다고 화내는 리더가 실은 게으른 자의 천국을 만들고 있는 것입니다.

### 다섯째, 가까운 사람들이 최대 피해자가 됩니다.

화의 특성 중 하나는 전염성입니다. 누군가에게 화를 내면 그 화는 또 다른 누군가에게 전달이 되어 애꿎은 희생자를 만듭니다. 직장에서 상사에게 화풀이를 당한 직원이 집에 돌아와 사랑하는 가족에게 화를 내어 상처를 주기도 합니다.

이것뿐일까요? 어떤 연구에 의하면 상사가 화를 내면 상사를 조직의 대표로 인식하여 부하나 후배들에게 지식을 전수해 주지 않는 '지식 은

폐'로 조직에 보복한다고 합니다. 이쯤 되면 화는 혁신적인 조직 문화를 구축하고 몰입도 높은 일터를 만드는 데도 큰 장애물이 된다는 점에서 결코 간단하게 치부하고 지나갈 문제가 아닙니다. 화는 중독성이 있습니다. 마약을 한 사람이 후회하면서도 또 마약을 찾다 결국 자기 파괴의 길로 들어서는 것처럼 화(火)는 화(禍)를 부릅니다.

화(火)는 불을 의미하는 화(火)와 같은 한자를 씁니다. 집에 불이 나면 모든 것을 잃게 되듯이 화를 제어하지 못하면 건강도 잃고, 사람도 잃고, 명예도 잃고, 미래까지 잃을 수 있습니다.

요즘 그런 사람 참 많습니다. 한 공익광고에서 플라스틱 만드는 데 5초, 사용하는 데 5분, 분해하는 데 500년이라고 하던데, 화도 마찬가지입니다. 화가 생기는 데 5초, 화를 내는 데 5분, 후회하고 해소하는 데 500년이 걸릴지도 모릅니다. 화의 후유증은 죽을 때까지 해결하지 못하는 경우도 허다하니 말입니다.

벼랑으로 뛰어내린 사람들은 더 이상 자기 몸을 통제할 수 없다. 일단 몸이 허공에 뜨면 멈출 수도 속도를 줄일 수도 없을 테니까. 인간의 마음도 화 혹은 여타 감정에 의해 장악당하게 되면 제어가 불가능해진다.
- 세네카

# 지혜롭게
# 화 내는 법

## 화를 참으면 복을 받을까, 호구가 될까

'참을 인(忍)' 자 세 번이면 살인도 면한다'는 말처럼 화를 내는 것보다 참
는 것을 미덕으로 여기는 사회에서 살아오다 보니 화는 나쁜 것이라고
생각하는 사람들이 많은 것 같습니다. 이런 사람들은 화가 치밀어 올라
도 '나 하나 참으면 그만이지', '싸우는 거보다 낫잖아', '화낸다고 달라지
겠어?'라며 참으면 복을 받는다는 주문을 외우며 살아갑니다. 하지만 화
에는 양면성이 있습니다. 화를 자주 내게 되면 잃는 것이 많긴 하지만 참
기만 하다 보면 그것이 누적되어 언젠가는 화가 나를 공격하기 시작하여
불면증, 소화장애, 우울감 등 갖가지 질병으로 나타납니다. 대표적인 것

이 한국인 고유의 화병(火病)입니다. 또한 사회적으로도 화를 참기만 하는 사람은 남에게 이용당할 수도 있습니다. 개그맨 박명수 씨가 한 예능 프로그램에서 '참을 인(忍) 세 번이면 호구가 된다'는 말을 한 적이 있는데, 이런 현실을 잘 표현한 것 같습니다.

화를 내는 사람은 때로는 부당한 현실에 대한 용감한 비판자가 될 수도 있고, 문제 해결자가 되기도 합니다. 또한 화를 참는 사람은 화평케 하는 자가 될 수도 있습니다. 그러니 화를 내라고 할 수도, 화를 참기만 하라고 할 수도 없는 노릇입니다. 결국 화를 내더라도 마구 감정을 퍼부어대어 상대를 감정의 쓰레기통으로 만들어 버리는 파괴적 방법이 아니라 건설적인 방법을 모색해야 하겠습니다. 물론 가장 좋은 방법은 화를 내지 않고도 문제를 척척 해결하는 것이겠지요.

## 신부님의 분노 관리법

서광원 인간자연생명력연구원장은 어느 날 신부님이 운전하는 차를 탄 적이 있다고 합니다. 이런저런 얘기를 나누며 가고 있는데 옆 차선에서 깜빡이를 켜지 않은 차가 갑자기 끼어드는 바람에 사고가 날 뻔했습니다. 두 사람이 깜짝 놀라 어어 하는 사이 그 차량은 다른 차선을 넘어 유유히 사라졌습니다. 그때 운전대를 잡았던 신부님이 뭐라고 하는데 그 말을 알아듣지 못해 "아까 뭐라고 하신 것 같은데 제대로 못 들었습니다" 하자 "아, 그거요? 그냥 화가 나서 한마디 했어요" 하며 운전대 옆에 붙여 놓은 종이쪽지를 보여주었다고 합니다. 거기엔 '1-나쁜 자식, 2-진짜 나쁜 자식, 3 그래, 지옥에나 가라' 같은 내용이 10번까지 적혀 있었다고 합니다. 신부님은 "아직도 화가 안 풀리는데 아까 했던 거, 다시 한번 해볼까요?" 하더니 곧바로 "이런, 이와 삼! 에이, 이와 삼!"이라고 했습니다. '이와 삼'은 '2와 3', 그러니까 '이 진짜 나쁜 자식, 그래 지옥에나 가라!'라고 한 것이었습니다. 욕은 아니지만 사실상 욕인 '대체 욕'이었던 것이지요. 신부님의 꽤 창의적인 욕하는 방법이라는 생각이 들었습니다.

신부님처럼 자신만의 방법을 만들어 처리하는 방법도 있을 것이고, 화라는 에너지를 긍정적인 활동으로 태워버리는 방법도 있을 것입니다.

일반적으로 분노 관리 전문가들은 격렬한 운동, 숙면, 걷기, 명상, 차 마시기, 조용한 음악 듣기, 일기 쓰기 등을 추천하고 있습니다. 자신에게 맞는 방법을 찾아 사용하면 도움이 될 것입니다.

서로를 존중하고 다투지 마라. 물과 기름처럼 서로 배척하지 말고 우유와 물처럼 어우러져라.
- 부처

# 화는
# 선택이다

## 화를 느끼는 사람 vs 화를 생각하는 사람

영국인 간호사 에일린 레메디오스는 왕진을 나갔다가 환자의 집 밖에 세워두었던 자전거를 도둑맞았습니다. 값비싼 자전거는 아니었지만 절친한 친구가 선물해 준 것이었기에 애지중지 아꼈던 것이라 몹시 화가 나기도 하고 아쉽기도 했습니다.

그런데 순간 생각을 바꾸었습니다. '자전거를 훔쳐 간 것이 아니라 누군가가 잠깐 빌려 갔겠지'라고 말입니다. 그러자 마음도 편해졌습니다. 그리고는 그곳에 쪽지를 남겼습니다.

"제발 제 자전거를 돌려주세요. 나이는 먹었지만 사랑받고 있고 주인이 없으면 무서워할 것 같아요."

그리고 다음 날 자전거가 있을 것이라는 특별한 기대는 없었지만 혹시라도 하는 마음에 그 환자의 집에 가 보았습니다. 그런데 그곳에는 자전거가 놓여 있었고 쪽지가 남겨져 있었습니다.

"죄송합니다"
마음을 고쳐먹은 도둑으로부터
추신 : "저는 결코 자전거를 학대하지는 않았습니다"

그녀는 그곳에 또 한 장의 쪽지를 남겼습니다.

"자전거를 빌려 가신 다정하신 분께
제 자전거를 돌려주셔서 감사합니다.
자전거가 그러는데 어제 좋은 시간을 보냈지만
제게 돌아와 기쁘답니다.
감사합니다."

저는 이 글을 읽고 얼마나 마음이 흐뭇했는지 모릅니다. 화를 내는 사람들은 화를 낸 이유가 화를 촉진하는 요인 때문이었다고 말합니다. 하지만 동일한 상황에서 어떤 사람은 화를 내고 어떤 사람은 화를 내지 않습니다. 만약 레메디오스가 "어떤 XX가 훔쳐 갔어. XX놈 같으니라구" 하면서 분노했다면 도둑의 마음을 바꾸는 일은 불가능했을 것입니다. 하지만 그녀는 해석을 바꿈으로써 결과, 즉 화를 통제할 수 있었습니다. 결국 화는 선택의 문제임을 알 수 있습니다.

이를 잘 설명해 주는 원리가 긍정심리학의 대가 마틴 셀리그만의 'ABC 연결고리'입니다. 화를 내는 사람들은 화를 나게 하는 사건Accident이 화를 내는 결과Consequence를 결정한다고 생각합니다. 하지만 셀리그만 교수는 사건이 결과를 결정하는 것이 아니라 사건과 결과 사이의 믿음Belief이라는 매개체가 결과를 결정한다고 합니다. 여기서 믿음이란 사건에 대한 관점, 기대, 해석 등을 의미합니다. 에일린이 자전거를 누가 훔쳐 간 것이 아니라 빌려 갔다고 해석하는 순간 화를 낼 이유가 없어졌습니다.

세상에는 화를 느끼는 사람과 화를 생각하는 사람이 있습니다. 화를 느끼는 사람은 실제로 일어나지 않은 일들에 대하여 주관적으로 갖가지 해석을 하면서 화를 냅니다. 예를 들어 별것 아닌 일에 대해서도 최악의 상황을 가정하여 파국화catastrophizing하거나, 항상, 절대, 결코, 전부라는 말로 '왜 항상 나한테만 이러는 거야'와 같이 과잉 일반화overgeneralizing하거나, 다른 사람들에게 '바보', '멍청이', '미친놈'이라고 분노의 꼬리표를 붙이는inflammatory labelling 등의 비이성적 신념 때문에 화를 내는 경우가 이에 해당합니다. 화를 느끼는 사람과 달리 화를 생각하는 사람은 이 상황에서 어떤 행동을 취해야 할지 생각하고 선택하기 때문에 상황을 악화시키는 실수를 줄일 수 있습니다. 화를 느끼는 것에서 생각하는 것으로 전환하는 것이 분노로부터 자유로워지는 출발입니다.

## 화(火)를 내지도 화(禍)를 당하지도 않는 비결

이병철, 이건희 회장 부자가 편애했다고 할 만큼 사랑했던 한국화의 거장 박대성 화백의 특별기획전이 열리는 경주의 한 미술관에 어린이 관람객 2명이 들어왔습니다. 이들은 전시관 한가운데에 전시된 박 화백의 작품에 올라가 눕기도 하고 무릎으로 문지르고 다니며 마치 미끄럼틀을 타듯 놀았습니다. 이 과정에서 작품의 일부 글자가 뭉개지고 훼손되었습니다. 더 놀라운 것은 아이들의 아버지가 이를 제지하지 않고 오히려 사진까지 찍어주었다고 하여 공분을 샀습니다. 이 작품은 길이가 20여m에 이르러 액자에 넣지 못하고 그냥 전시를 했습니다. 작품 가격이 1억 원 정도라고 하는데 마침 관람객과 작품의 거리를 좁힌다는 의도로 안전선을 제거한 것이 그만 화근이 되었습니다. 대작이 훼손되었으니 미술관 측도 화가도 얼마나 가슴이 철렁했을까요?

그런데 더 놀라운 것은 이 소식을 들은 박 화백의 대응이었습니다. 미술관 측에서 박 화백에게 작품을 어떻게 처리할지 물었는데, 박 화백은 어린이가 그랬다는 얘기를 듣고는 "아무 문제도 삼지 말라", "나도 손주들이 있는데, 무럭무럭 크는 아이들이 뭔들 못하겠나. 대수롭지 않은 일"이라며 "어른들이 조심해야 한다. 우리 관람 문화가 좀 더 나아지는 계기가 됐으면 좋겠다"라고 대수롭지 않게 대답했습니다. 그리고 훼손된 부분을 수정해서 전시해야 하지 않겠느냐고 묻자 "그렇게 할 수 있지만 이 또한 하나의 역사이니 그대로 두는 게 좋겠다"고 했습니다. 그 뒤 한 언론과의 인터뷰에서 "그 사건으로 그림이 더 유명해지고 관심을 갖는 사

람들이 많아졌으니 오히려 감사하다"고 했답니다. 마음의 그릇까지 거장
답게 크신 분이라는 생각이 들었습니다.

박대성 화백은 아이의 입장에서 이해하고 너그럽게 용서하는 마음, 즉
존중을 선택함으로써 더 큰 존경과 혜택을 받았습니다. 작품을 훼손한
아이와 그 부모는 박 화백의 용서를 아마 평생 잊지 못할 것입니다. 더
성숙해지는 계기가 되지 않았을까요? 박 화백을 통해 화를 내지 않고도
부드럽게 변화시키는 진짜 강한 힘은 존중이라는 것을 다시 한번 깨닫습
니다. 화를 내서 타인의 행동을 얼마나 바꿀 수 있던가요? 설사 바꿨다
하더라도 이로 인한 마음의 상처는 쉽게 아물던가요?

누군가 존경하는 대상이 있다면 그에게 화를 내는 일은 거의 없을 것
입니다. 그가 실수를 해도 이해하고 넘어갈 것입니다. 마찬가지로 내가
누군가에게 존경을 받는다면, 그 사람은 나에게 화를 내는 일이 없을 것
입니다. 그렇다고 존경이라는 것이 받고 싶다고 저절로 받게 될 리 없습
니다. 진정으로 상대방을 존중하면 저절로 존경을 받게 될 것입니다. 그
러니 타인을 존중하는 것은 스스로 화를 줄이는 방법이자 화(禍)를 당하
지 않는 비결이기도 한 것입니다. 화를 내어 행동의 변화를 꾀하는 사람,
존중으로 감정을 바꾸어 행동을 변화시키는 사람, 어느 쪽을 선택하시겠
습니까?

화도 어린아이처럼 달래줘야 하는 에너지 덩어리다.
-앨버트 아인슈타인

# 심리적 소화기를
# 장착하라

## 타임아웃 선언하기

지인 중에 화를 낼 줄 모르는 사람인가 싶을 정도로 좋은 성품을 가진 전문직 종사자 한 분이 있습니다. 그런데 그의 배우자는 매우 정확하고 깐깐한 분이어서 남편이 실수하거나 약속된 시간에 제대로 일을 하지 않으면 불같이 화를 내며 다그치는 일이 많다고 합니다. 그렇다는 얘기를 들은 적이 있지만 실제로 본 적은 없었기에 설마 했습니다. 그런데 하루는 저녁 식사 초대를 받아 그분의 집에 가 보았는데 듣던 대로 그분의 배우자는 매우 철저했습니다. 식사 준비도, 집안 정리도 완벽해 보였습니다. 그런데 남편에게 무언가를 요구하여 자신이 원하는 대로 하지 않으면 다시 하라고 다그치는데, 그걸 지켜보면서 정말 숨이 막힐 것 같았습니다. 저는 이런 분위기에서는 병에 걸릴 것 같다는 생각이 들었습니다. 그런데 신기하게도 그분은 화를 내지 않고 배우자와 좋은 관계를 이어오고 있습니다. 그 비결이 궁금하여 개인적으로 만났을 때 화날 때는 어떻게 하느냐고 물으니 "화가 나면 그냥 집 밖으로 나가 동네를 한 바퀴 돌아오면 다 해결됩니다"라고 했습니다. 그의 배우자는 화를 내고도 뒤끝이 없는 편이라 잠깐 그 자리를 벗어나 '초기대응'만 잘하면 뒤탈이 나지 않는다고 했습니다. 살아가면서 나름 지혜를 찾은 것 같았습니다.

화(火)는 한자 말 그대로 불의 속성을 가지고 있습니다. 화재 발생 시 초기 진화에 실패하면 큰 불로 번져 엄청난 재앙을 초래하듯 화가 나려고 할 때 초기에 잘 대응하지 못하면 큰 화를 부르는 결과를 초래하게 됩니다. 화재가 발생했을 때를 대비하여 소화기를 비치해 두는 것처럼 우리들의 마음에도 심리적 소화기PFE, Psychological Fire Extinguisher가 필요합니다. PFE를 작동하는 가장 좋은 방법 중 하나는 '일단 멈춤pause'입니다. 화가 난 감정을 그대로 표출하게 되면 그것이 옳은 말이라도 상대방은 감정의 쓰레기통 취급을 당한 느낌이 들어 화를 낸 목적 달성은커녕 반대의 부정적인 결과를 초래합니다. 진흙탕 물이 깨끗해지기를 원한다면 그 속에 넣은 손을 빼고 잠시 기다려야 진흙이 가라앉듯이, 하고 싶은 말을 하기 전에 3분만 멈추면 대부분의 화는 가라앉게 되어 있습니다. 3분이 길다면 1분, 1분도 길다면 30초만 멈춰도 상당한 효과를 발휘할 것입니다. 심지어 사무실에서 화나는 일이 있을 때 문을 열고 나갔다 다시 들어오기만 해도 상당한 효과가 있다고 합니다.

운동 경기 중 감독이 타임아웃Time Out을 요청하여 잠깐 선수들과 대화하거나 전술을 지시한 이후 패배가 확실해 보이던 팀이 기사회생하여 승리하는 일을 본 적이 있을 것입니다. 타임아웃이라는 잠깐의 멈춤이 경기의 흐름을 전혀 다른 양상으로 바꾸었기 때문입니다. 마찬가지로, 화가 나기 시작하거든 스스로에게 타임아웃을 선언하여 잠깐 멈추어 '내가 그 사람의 얘기를 잘못 들은 것은 아닌가?', '이게 화를 낼 만한 일인가?', '이 상황에서 이런 말을 해야 하는가?' 등을 자신에게 질문하는 습관을 갖는다면 분노 관리의 고수가 될 수 있을 것입니다.

## 당신은 괜찮은 사람이라는 사실을 기억하라

미국 예일대 감성지능센터장인 마크 브라켓Mark Brackett 교수의 수업 중에 한 학생이 "교수님께서도 답을 모르실 것 같은 질문이 있습니다"라고 말했습니다. 마크 교수는 불쾌해서 '내가 답을 모를 수도 있지만 내가 학생들의 리포트에 점수를 매긴다는 사실을 기억하라'라고 말하고 싶었습니다. 거기에다 욕까지 더해서 말입니다. 하지만 그 순간 '나는 감성지능이 발달한 교수인데'라고 자신의 '최고의 자아best self'를 떠 올렸습니다. 그리고는 "지금은 다른 학생들 질문을 더 받고 우리는 수업 후에 얘기하는 게 어떨까요?"라고 말하며 위기를 넘겼습니다. 여기서 최고의 자아란 자신은 물론 다른 사람이 볼 때도 이상적인 가상의 인물로, 타인에게 평가받고 싶은 모습이기도 합니다. 그러고 보니 우리는 각자 나름 괜찮은 모습을 가지고 있고, 그 모습을 유지하거나 인정받고 싶어 합니다. 그런데 감

정을 제대로 다스리지 못해 분노를 폭발시킨 순간 오랫동안 쌓아놓은 최고의 자아에 걸맞은 평판을 한순간에 잃을 수 있습니다. 불쾌한 상황에 직면했을 때 잠깐 멈추어 '지금 상황에서 나의 최고의 자아라면 어떻게 행동할까?'를 자문한다면 감정적 상황에 과잉 반응하여 충동적으로 행동하는 대신 최선의 행동을 할 수 있을 것입니다.

최고의 자아가 어떻게 사용되는지 예를 들어 보겠습니다. 다음의 예를 읽어 본 후 밑줄 친 빈칸에는 독자 여러분의 실제 상황을 적용해 보시기 바랍니다.

상황

(예) 부하 직원이 회의 안건에 문제가 있다고 이의 제기를 할 때

(적용) _____

276

최고의 자아

(예) 나는 포용적인 사람이다

(적용) _____


느낄 때

(예) '뭐 이런 X가 있지. 건방지게…'라는 생각이 들어 불쾌할 때

(적용) _____


나는 할 수 있다

(예) 나는 그의 말을 끝까지 듣고 좋은 아이디어라면 기꺼이 받아줄 수
     있다.

(적용) _____


나는 괜찮은 사람이라는 사실을 기억하고 불쾌한 상황에 직면할 때마
다 최고의 자아를 떠올리고 질문하는 습관을 갖는다면 더 괜찮은 사람이
될 수 있을 것입니다.


화가 날 때는 말하기 전에 열을 세어라. 화가 많이 났을 때는 백을 세어라.
-토마스 제퍼슨

# 슈디즘을
# 버려라

## 기대를 낮추거나 포기하거나

부모는 자식 때문에 늘 안타까운 두 가지 이유가 있습니다. 하나는 자식이 나를 닮지 않아서이고 또 하나는 나를 닮아서입니다. 두 가지 이유는 부모의 기대와 관련이 있습니다. 전자는, 나는 이렇게 열심히 살아왔는데 아이는 나처럼 하지 않기 때문입니다. 공부를 잘한 부모들은 공부 못하는 아이가 이해되지 않아 화나고, 자수성가한 부모들은 치열한 열정이 없는 자녀가 한심해 보여 안타깝고 화가 납니다.

후자는, 부모가 가진 부정적인 면을 어쩌면 그렇게 쏙 빼닮았는지 그것 때문에 화가 나고 안타깝습니다. 학교 다닐 때 공부를 제대로 안 한 것이 후회되는데 어쩌자고 자녀도 공부를 게을리하는지, 닮지 말아야 할 것은 닮고 닮아야 할 것은 닮지 않아 안타깝고 화가 납니다. 모두 기대에 어긋나기 때문입니다.

이처럼 화가 나고 불안한 부정적 감성의 저변에는 '반드시~해야 한다', '반드시~하지 않아야 한다'와 같은 당위적 기대가 깔려 있습니다. 그런데 이런 당위적 기대는 본인도 화를 나게 하지만 기대를 받고 있는 당사자도 숨이 막히고 화가 납니다.

한 명문대 학생이 상담실을 찾아가 자살 충동을 느낀다면서 상담을 요청했습니다. 고시 공부를 하고 있는데, 자신은 죽고 싶을 만큼 하고 싶지 않다며 손을 부르르 떨었습니다. 그러면 그만두면 되지, 왜 죽고 싶을 만큼 하기 싫은 일을 하느냐고 묻자 부모님의 기대를 저버릴 수 없다고 했습니다. 지금까지 한 번도 부모님의 기대를 저버린 적이 없었답니다. 어렸을 때부터 너는 반드시 고시에 합격해야 한다고 세뇌를 받을 정도였기에 못 하겠다고 하면 실망하실 부모님을 생각하면 두렵고 떨린다는 것이었습니다.

요즘 패륜범죄가 급증하고 있다고 합니다. 패륜범죄를 두둔할 생각도 없고 그래서도 안 되지만 사연의 맥락을 살펴보면 부모의 과도한 기대와 그 기대에 부응하지 못한 자녀 사이의 긴장과 불편함, 이에 따른 불만이 누적된 분노로 인한 범죄가 아닌가 하는 생각이 드는 사례도 있습니다. 부모들 중에 '내가 이러는 게 나 잘되라고 그러냐, 다 너 잘되라고 하는 거지'라고 하면서 자녀의 삶에 '반드시~해야 한다'라는 당위의 족쇄를 채운 탓에 본인은 물론 자녀까지 화를 품고 살아가게 만드는 것은 아닌지 모르겠습니다. 자녀는 자녀의 삶이 있습니다. 자녀는 틀에 맞춰 찍어내는 공산품이 아니라 스스로 생각하고 선택할 줄 아는 이성과 영혼을 가진 존재입니다. 부모의 역할은 세상이 강요하는 틀이 아니라 자신만의 삶을 스스로 설계하고 자기답게 살아가도록 응원하고 도와주는 것이어야 합니다. 오래전에 어떤 분이 강의 중에 한국 교육의 문제를 해결하려면 자녀를 포기해야 한다고 했는데, 지금도 그 말이 뇌리를 떠나지 않습니다. 그만큼 공감이 되었기 때문이겠지요.

## 슈디즘(shouldism)의 감옥에서 벗어나기

거리를 걷거나 운전하다가 유난히 화를 많이 내는 사람들을 봅니다. 병적인 경우도 있겠지만 이들 중 상당수는 슈디즘에 중독된 사람들입니다. 슈디즘은 영어 단어 should(당위)와 ism(주의)의 합성어로, 독일 출신의 미국 정신분석학자 카렌 호나이Karen Horney가 만든 용어입니다. 슈디즘에 빠진 사람들은 지금 눈앞에 보이는 현실을 인정하지 못하여 화를 내면서 자신과 상대를 괴롭히고, 세상을 못살게 굽니다. 이들은 '반드시, 당연히, 항상, 절대, 실수 없이, 완벽하게, 다시는, 맹세코, ~해야 해, ~하면 안 돼'와 같은 말을 달고 삽니다. 이런 말들은 그 자체로는 아무런 문제가 없지만 관계 속에 적용하기 시작하면 사소한 일에도 화가 나고 교묘하게 관계가 틀어지기 쉽습니다.

슈디즘에서 벗어나는 가장 좋은 방법은 '그럴 수 있다'라고 생각하는 것입니다. 박대성 화백이 '아이들이 그럴 수 있다'라고 생각하는 순간 화를 내지 않고 대범하게 문제를 해결할 수 있었던 것처럼 말입니다. 운전하면서 도로교통법을 위반했다며 소리를 지르는 사람들이 있습니다. 그런데 그 사람들은 정말 과속이나 규정 위반을 한 적이 한 번도 없었을까요? 윗집에 아이들이 뛰어놀 때마다 '부모가 아이들을 제지 안 하고 뭐하는 거야'라고 화를 내면서 불행하게 사는 사람이 있고, '우리 아이들도 클 때는 저렇게 뛰어놀았는데, 그럴 수 있지' 하며 대범하게 사는 사람이 있습니다. 이 세상이 반드시 공정해야 하는데 현실은 여전히 불공정하다고 허구한 날 불평하고 화를 내는 그 사람은 정말 항상 공정하게 살고 있을까요? 딸아이에게 10시 전에 반드시 들어와야 한다고 해놓고 저는 12시를 넘어 들어온 날이 얼마나 많았었는지요? 물론 불공정을 모두 용인하자는 것은 아니지만 조금 더 관대한 마음으로 사람과 세상을 바라보면서 '그럴 수 있다'고 생각만 해도 화나는 일이 줄어 훨씬 더 행복한 삶을 살 수 있을 것입니다.

우리의 언어습관에는 알게 모르게 슈디즘이 강력하게 자리 잡고 있습니다. 그것 때문에 화를 내고 관계가 틀어지는 일이 얼마나 많았습니까? '그럴 수 있지'라고 한 번만 생각해 주는 여유를 가져도 화낼 일은 크게 줄어들 것입니다.

# 내 생각은
# 정답이 아닐 수 있다

## 마스크를 버린 것이 아닐 수도 있다

공원을 걷고 있는데 길바닥에 마스크가 떨어져 있었습니다. 순간 '어떤 XX가 마스크를 버리고 갔네'라고 욕을 할 뻔했습니다. 가는 곳마다 버려진(?) 마스크를 보는 일이 많다 보니 화낼 일도 많아졌습니다. 그런데 어느 날 벤치에 앉아 음료를 마시고 일어나며 마스크를 찾아보니 주머니에 넣어두었던 마스크가 떨어져 있었습니다. 전 그날부터 길바닥에 떨어진 마스크는 누군가의 주머니에서 주인 모르게 떨어진 것일 수 있겠다고 생각하기 시작했습니다. 그 이후 버려진(?) 마스크를 볼 때 불편했던 마음이 사라졌습니다. 가끔 전철이나 버스에 마스크를 착용하지 않고 타는 승객 때문에 화가 난다는 이야기를 듣습니다. 저도 그랬습니다. 그런데 어느 날 저의 마스크 끈이 끊어진 경험을 하고 나서, 함부로 판단하지 않게 되었습니다.

우리는 일상에서 이처럼 아직 아무것도 확인된 것이 없는데 스스로 판단하고 상상하고 화를 내는 경우가 많습니다. 예를 들어 친구가 약속 시간에 늦을 경우, 늦는 이유를 직접 확인한 것도 아니면서 '얘는 나를 무시해'라고 생각하면서 화를 내는 것과 같은 경우입니다. 이런 현상을 심리학에서는 인지적 왜곡Cognitive Distortion이라고 합니다. 보건사회연구원의 조사에 의하면 한국인의 90% 이상이 인지적 왜곡의 습관을 가지고 있다고 합니다. 그중 몇 가지를 소개해 보겠습니다.


- 임의적 추론 : 어떤 일을 결정할 때 사람들이 내 의견을 묻지 않았다면 그것은 나를 무시하는 것이라 생각하는 것
- 개인화 : '내가 다가가자 사람들이 하던 이야기를 멈추면 그건 나에 대해 안 좋은 얘기를 하고 있었던 것'이라고 생각하는 것처럼 나와 상관없는 일을 나와 상관있다고 착각하는 것
- 선택적 추상화 : '하나를 보면 열을 안다'고 생각하는 것
- 이분법적 사고 : '세상 모든 일은 옳고 그름으로 나뉜다'고 생각하는 것
- 파국화 : 최악의 상황을 먼저 생각하는 것
- 독심술 : '그는 내가 바보라고 생각할 거야' 하는 식으로 다른 사람의 생각과 의도를 멋대로 추측하는 것

사람들은 흔히 주변 상황을 인식할 때 자신은 '정답'을 가지고 있다고 생각합니다. 하지만 실제로는 오답인 경우가 많습니다. 사실을 확인하기 전까지는 어느 것도 진실이 아니기 때문입니다. 인지적 왜곡은 우리가 얼마나 많은 오답을 정답으로 여기고 살고 있는지를 보여줍니다.

확인되기 전까지 함부로 판단하지 않겠다는 결심이 우리를 행복하게 해줄 것입니다.

## 나를 무시하는 사람은 없다

박창효(가명) 씨는 최근 은퇴하고 집에서 쉬고 있습니다. 어느 날 부인이 '오늘은 뭐 할 거야?'라고 물었습니다. 그런데 그 말을 들은 박 씨가 "당신 나 무시하는 거야?" 하고 불같이 화를 내면서 대판 싸움이 벌어졌습니다. 그 이후로 일주일째 두 사람은 말을 하지 않았습니다. 부인은 아무 생각 없이 한 말이었는데 저렇게까지 화를 낼 일인지 도무지 영문을 모르겠다고 하소연합니다.

왜 이런 일이 일어난 것일까요? 아내가 남편의 입장에서 배려했더라면 하는 아쉬움도 있지만 실은 아내의 질문을 오해해서 벌어진 일이었습니다.

우리는 일상생활 중에 상대방은 나를 무시하지 않았고 전혀 그럴 의도가 없었는데 무시당했다고 느끼는 일이 얼마나 많은지요. 누군가 약속 시간에 늦은 것을 '이 친구는 나를 무시하는 것이 틀림없어'라고 생각해

284

본 적이 있으신가요? 실제로 그랬던가요? 혼자 상상하고 화를 냈는데 그가 교통사고를 당했다는 소식을 들었다면 얼마나 민망한 일인가요? '늦을 수도 있다(합리적 사고)' '그 시간에 책이라도 읽어보자(긍정적 사고)'라고 생각을 바꿔보는 것이 어떨까요. 나를 위해서 말입니다. 기다리는 동안 속 북북 끓고 있었는데, 피해는 그 사람이 받았던가요? 피해의 몫은 그렇게 생각했던 나의 것이 아니었던가요? 세상에 나를 무시하는 사람은 없습니다. 스스로 무시당하고 있을 뿐입니다. 나를 무시했다고 생각하면서 말입니다.

# 타인의 입장에서 생각하면
# 화낼 일이 없다

## 게으른 사람이 화를 낸다

한방정신분석학이라 할 '성정분석'을 전공한 한의사이자 칼럼니스트인 강용혁 선생은 본인의 임상 경험을 통해 게으름이 화의 실체임을 발견했습니다. 무슨 말일까요? 내원한 40대 여성 한 명이 아이와 남편에게 매일같이 화가 치밀어 올라 이유 없이 감정이 동요하면 참지 않고 폭언을 쏟아냈다고 합니다. 그러다 보니 몸에 병이 나기 시작하여 두통과 신경성 소화장애는 물론 화병으로 여러 가지 약을 달고 산다고 했습니다. 그런데 그녀가 화를 냈던 사례를 분석해 보니 모두 자기중심적인 사고 때문이었습니다. 어느 날 아이가 놀다가 다쳐서 들어왔는데, 순간 극도의 분노가 치밀었다고 합니다. 엄마는 아이를 보자마자 "엄마가 조심해서 놀라고 분명히 말했잖아!" 하면서 다친 아이를 나무랐습니다. 몸을 다친 아이는 마음까지 다치게 된 것입니다. 이때 엄마가 화를 낸 이유는 무엇이었을까요? 혹시 '아이가 다쳐서 병원에 다녀야 하는 귀찮은 일이 생겨서'가 아닐까요? 아이를 생각하기보다 자신을 먼저 생각하기 때문에 화를 내고 있는 것입니다. 다친 아이를 본 엄마라면 어쩌다가 다쳤는지, 아프지는 않은지 먼저 물었어야 하지 않을까요?

그런데 이런 사람들은 자신이 게으르다는 것을 좀처럼 인정하지 않습니다. 화를 낸 것은 모두 상대방 때문이고 자신은 문제가 없다고 합니다. 그래서 이들은 '나는 이렇게 얘기해 줬는데 상대방이 그렇게 하지 않은 것'이라고 자신을 합리화합니다. 이렇게 함으로써 자신이 화를 내는 것은 정당한 것이고, 화를 나게 한 것은 상대방의 잘못 때문이라고 하면서 교묘하게 자신의 게으름을 감추고 있는 것입니다.

남편이 아내에게 운전을 가르치거나, 부모가 자식을 가르치다 보면 대부분 안 좋은 결과로 끝나는 이유도 마찬가지입니다. 본인은 잘 가르쳐 줬는데 상대방이 못 알아먹어서 그렇다고 하면서 "내가 방금 알려줬는데 왜 모양이야"라고 소리를 지르거나 화를 냅니다. 어느 누구도 방금 배운 것을 금방 쉽게 적용할 수는 없습니다. 아마 소리 지르는 그 사람도 초보 때는 서툴렀을 것입니다. 결국 무슨 일이 벌어질 때 화를 내지 않는 방법은 '나는 그런 적이 없었나?' 하고 생각해 보는 것입니다.

만약 자녀가 친구들과 싸웠으니 부모님이 학교에 오셔야겠다는 연락을 받는다면 어떻게 행동하시겠습니까? 너 때문에 학교에 가서 망신당하게 생겼다고 화를 내시겠습니까, 아니면 어쩌다 싸우게 됐는지 묻고, 다친 데는 없는지, 아이가 그때 어떻게 행동을 했는지 물어보시겠습니까?

## 타인의 입장에서 생각하기

아파트에서 재활용품 분리배출을 할 때마다 안타까울 때가 많습니다. 음식물을 다 버리지 않고 함께 배출하였거나 플라스틱과 종이, 병 등이 섞인 박스를 그대로 버리고 가는 사람들 때문입니다. 그런데 어느 날 분리배출을 하려는데 재활용품을 정리하던 경비원이 "이거 아저씨가 버린 겁니까?"라고 버럭 소리를 질렀습니다. 누군가 쓰레기를 분리하지 않고 버리고 간 모양인데, 제가 그렇게 한 것으로 알았던 모양입니다. "그건 제가 버린 게 아닌데요"라고 말하고는 그냥 돌아올까 하다 경비의 입장에서 생각해 보니 '나라도 짜증을 낼 수밖에 없겠다'는 생각이 들었습니다. 그리고는 제 것을 다 처리한 후 다른 사람들이 잘못 배출한 것들을 함께 정리해 주었습니다. 소리를 지른 경비원은 머쓱한 상황이 되고 말았습니다. 그리고 집으로 돌아오는데 경비원은 연거푸 "죄송합니다. 고맙습니다" 했습니다. 불친절을 친절로 갚았더니 기분이 참 좋았습니다. 그 경비원은 저를 볼 때마다 얼마나 친절하게 인사하는지 모릅니다.

대부분의 경우 화를 내는 사람이 승자인 것처럼 보이지만 실제로는 패자가 될 가능성이 높습니다. 미 언론이 뽑은 최고의 배우 중 한 사람인 메릴 스트립은 "인간이 가진 가장 위대한 재능은 공감"이라고 했다지요.

화를 내기 전 상대방의 입장에서 한번 생각해 본다면 화를 낼 일은 별로 없을 것입니다.

# 화를
# 기록하라

## 기록하라, 화가 줄어들 것이다

대형 외식업체에 출강했을 때였습니다. 조리와 서빙을 담당하는 분들이 많았는데 강의 중에 "XX같은 손님들 때문에 화날 때가 많으시죠?"라고 했더니 일제히 큰 소리로 "네"라고 대답했습니다. 그들의 목소리의 크기는 갑질하는 손님들이 많음을 반영하는 것 같았습니다. 저는 갑질하는 고객 때문에 매일 화를 내면서 분노의 독을 먹고 살지 말고, 그들을 연구해 보는 것이 어떻겠느냐고 제안했습니다. 갑질 손님들의 행동 특성을 매일 기록하고 다음에 이런 고객을 만나면 어떻게 해야 할지 연구하다 보면 갑질 고객 관리의 최고 전문가가 될 수 있을 것이고, 그런 기록들이 모이면 책으로 출간하거나 강사로 활약할 수도 있을 것이라고 희망적인 얘기를 해줬더니 눈을 반짝이며 그렇게 해보겠다는 분들이 있었습니다. 이분들이 그 결심을 지키고 있다면 불량 고객에 대한 대응력도 높아지겠지만 자신의 문제점도 발견하고 수정할 수 있게 될 것입니다.

분노 관리 전문가들도 화를 줄이는 방법으로 한결같이 화를 기록할 것을 권하고 있습니다. 화를 내는 사람들은 자신을 잘 모르는 경향이 있습니다. 그래서 얼마나 자주 화를 내는지(빈도), 얼마나 세게 화를 내는지(강도), 그리고 그것 때문에 얼마나 많은 사람이 상처를 받고 있는지(영향), 혹은 상대방의 언행을 어떻게 받아들이고 있는지(해석), 동일한 상황에서 반복적으로 화를 내고 있는지(반복) 등을 기록하면서 자신을 객관적으로 바라볼 필요가 있습니다.

일지 형식으로 칸을 나누어 구체적으로 기록할 것을 제안하는 분도 있습니다. 물론 그렇게 할 수 있다면 좋겠지만 바쁘다 보면 그렇게 철저하게 기록하기가 쉽지 않습니다. 저는 어떤 형태이든 기록하기만 해도 발전한다고 믿습니다. 기록하는 동안 '내가 이렇게 화를 내고 있었구나', '상대방의 말과 행동을 옳게 받아들인 것인지', '화를 낸 합당한 근거는 무엇이었는지' 자신을 객관적으로 보게 되고, 같은 상황에 직면했을 때 어떻게 대응할 것인지 지혜를 얻을 수 있기 때문입니다. 이렇게 하다 보면 화를 내는 빈도가 저절로 줄어들 것입니다.

## 자신만의 일기 쓰기

저는 원래 화를 잘 내는 사람이었습니다. 그런데 언제부턴가 '화를 낸 적이 언제였지?'라는 생각이 들었습니다. 그 비결이 무엇일까 생각해 보니 2014년 1월 16일부터 하루도 빠지지 않고 감사일기를 쓴 것이 비결인 듯합니다. 저라고 늘 좋은 일만 있을 리가 없습니다. 저도 수시로 저를 화나게 만드는 상황에 부닥칩니다. 하지만 감사일기를 쓰면서 좋은 것은 좋아서 감사하고, 안 좋은 것은 그것 때문에 또 하나의 교훈을 배워서 감사하고, 평소 같으면 화를 낼 수 있는 상황에서 화를 내지 않은 저의 인내력에 감사하는 일기를 쓰다 보니 사소한 것에 목숨 걸면서 화를 낼 필요가 없어졌습니다. 잠자기 직전에 감사일기를 쓰는데, 하루 종일 쌓여 있던 부정적인 감성을 긍정적인 감성으로 전환시켜 놓고 잡니다. 그래서 일까요? 머리만 대면 잠이 들고, 잠이 들면 숙면을 취하게 되어 아침도 기분 좋게 맞이하게 되는 것 같습니다.

서울백병원 정신과 우종민 교수는 그의 저서 『마음력』이라는 책에서 마음의 힘을 길러주기 위한 멘털 피트니스mental fitness의 방법으로 '산소일기'를 쓸 것을 권하고 있습니다. 마음에 산소처럼 신선한 에너지를 공급해 주는 일 세 가지를 적으라는 것입니다. 매일 하루를 돌아보면서 기분이 좋았던 일 세 가지, 감사했던 사람과 일 세 가지, 내 재능을 잘 발휘한 일 세 가지를 적으라는 것입니다.

물론 어떤 방법을 쓸 것인지는 전적으로 독자의 몫이겠지요. 분명한 것은 어떠한 형태든 매일 기록을 하다 보면 화가 줄어들 것이라는 사실을 믿고 실천하면 효과가 있으리라는 것입니다.

# 먼저 나를 존중합시다

미국의 한 회사에서 영업사원 면접이 있었습니다. 지원자 중에는 실직한지 여러 달이 지나 수십 번 구직에 실패한 제임스(가명)라는 젊은이가 있었습니다. 배우자도 실직하여 직장을 찾고 있었는데, 구직에 실패한 사람이라고 믿기 어려울 만큼 초조함이나 긴장감보다는 얼굴엔 미소가 가득하고 밝은 에너지가 느껴졌습니다. 맥스(가명) 사장은 이런저런 질문을 하다 마지막으로 "우리가 당신을 채용하지 않는다면 실망이 클 텐데 집에 돌아가 부인에게 어떻게 말하겠습니까?"라고 물었습니다.

제임스는 "아내에게 비록 이번에도 채용은 안 되었지만 사장님에게 커피 대접을 받았다고 자랑하겠습니다. 그동안 지원서조차 통과되지 못하고 문전박대를 당하던 것에 비하면 큰 발전이 있었다고 생각합니다. 그리고 내일은 또 다른 회사를 찾아 노크할 겁니다"라고 대답했습니다.

맥스 사장은 자리에서 벌떡 일어나 "함께 일해 봅시다. 당신을 채용하 겠습니다. 당신은 훌륭한 영업사원의 자질을 가졌어요"라고 말했습니다.

맥스 사장이 제임스를 채용한 이유는 무엇이었을까요? 제임스의 대답에서 그가 자신을 존중할 줄 아는 사람이라는 사실을 알았기 때문입니다. 제임스는 문전박대를 당해도, 면접에서 거절을 당하더라도 자신을 비하하거나 실패했다고 규정하지 않고 훌훌 털고 다시 일어나 도전하는 사람이었습니다. 세일즈 베테랑인 맥스 사장은 자기존중감self-respect이 높은 사람은 주변 사람들에게 긍정 에너지를 주고, 타인을 존중할 줄 알며, 결과적으로 좋은 실적을 거둔다는 것을 경험적으로 알았기에 제임스를 선택했던 것입니다.

자기 존중감이란 돈을 많이 벌고 높은 자리에 올라간다고 해서 저절로 생기는 것이 아닙니다. 자신의 강점과 약점을 파악하고 솔직하게 인정할 줄 알며, 타인의 평가나 작은 실패에 휘둘리지 않겠다는 자기 확신입니다.

나는 존중하지만 세상의 모든 사람이 내가 타인에게 한 것처럼 나를 존중해 주지 않는 경우가 얼마나 많습니까? 나를 무시하는 사람이 있을 수 있고, 원치 않는 상황이 나를 비참한 상태로 내몰 수도 있습니다. 이때 나를 소중하게 여기는 마음이 없다면 나를 지킬 수도 없고, 타인에게 관심과 친절을 보여줄 마음의 여유가 없을 것입니다. 자기존중감 없이 타인을 존중하기만 하다 보면 오히려 세상 사람들은 나를 이용하려 들지도 모릅니다. 그러니 타인을 존중하려면 먼저 자신을 소중하게 여기는 법을 배워야 할 것입니다.

실력을 쌓기 위해 노력하고, 긍정적인 생각을 하고, 존경받을 만한 일을 찾아서 하거나 그런 사람들과 교류하는 방법도 있을 것입니다. 타인의 외적인 모습을 보고 부러워하기보다 그 사람은 어떤 생각을 가지고 살아왔는지, 배울 것은 무엇인지, 학습의 관점으로 대하다 보면 고스란히 나의 성장으로 이어질 것입니다.

저는 멋있는 사람이란 '줄 때 떳떳하고 받을 때 떳떳한 사람'이라고 생각합니다. 『존중의 힘』 독자들은 자기존중감을 갖고 당당하게 타인을 존중하고 타인에게 존경을 받는 삶을 사는 멋진 분들이 되기를 바랍니다.

'나는 이대로 살아왔을까?' 스스로에게 물으며 참회하는 마음으로 이 책을 썼습니다. 그렇게 살지 못한 적이 많았기 때문입니다. 하지만 그동안 존중이라는 주제로 강의하면서 학습자들로부터 좋은 반응을 얻었던 경험에 비추어 공감하고 받아주실 분들이 많을 것이라는 기대를 갖고 용기를 냈습니다.

나태주 시인은 "나의 시여, 부디 유명한 시가 되지 말고 유용한 시가 돼라"는 말씀을 하셨습니다. 저도 이 책이 유명한 책이 되기보다 유용한 책이 되어 '존중의 힘'으로 부드럽게 세상을 변화시키는 데 기여할 수 있기를 바랍니다.

부족한 부분은 독자 여러분의 혜량을 기대합니다.

여기까지 읽어주신 독자 여러분을 존경합니다.

감사합니다.

존중의 힘

초판 1쇄 발행 | 2022년  1월  5일
초판 4쇄 발행 | 2024년 10월 25일

지은이 | 김찬배
펴낸이 | 이성수
주간 | 김미성
편집장 | 황영선
편집 | 이경은, 이홍우, 이효주
디자인 | 여혜영
마케팅 | 김현관
펴낸곳 | 올림
주소 | 07980 서울시 양천구 목동서로 38, 131-305
등록 | 2000년 3월 30일 제2021-000037호(구:제20-183호)
전화 | 02-720-3131 | 팩스 | 02-6499-0898
이메일 | pom4u@naver.com
홈페이지 | http://cafe.naver.com/ollimbooks

ISBN 979-11-6262-052-6  03320